지은이　　　아르투어 쇼펜하우어
Arthur Schopenhauer

1788년 부유한 상인의 아들로 태어나 철학자의 길을 걸었다. 서른 무렵 대표작인 『의지와 표상으로서의 세계』를 세상에 내놓았지만 차가운 무관심 속에 묻혔고, 대학 강의마저도 동시대 철학자 헤겔의 인기에 밀려 빈 강의실의 좌절을 맛보았다. 결국 대학 강단을 떠나 평생 여행과 사색 속에서 살았으며, 말년에 이르러 자신의 마지막 저서 『여록과 보유』 덕분에 비로소 명성을 얻었다. 오늘날 그는 인간의 본질과 고통을 누구보다 정직하게 마주한, 시대를 뛰어넘는 철학의 거장으로 평가받고 있다.

엮은이　　　권용선

성균관대학교 철학과에서 독일철학, 특히 마르틴 하이데거의 사상을 깊이 탐구했다. '존재와 언어', '윤리와 기술', '주체성과 기억' 등 현대인이 마주한 복합적 문제들을 철학적이면서도 인문학적인 시선으로 성찰해 왔다. 「하이데거 철학에서 인간의 실존과 생명의 관계」로 석사 학위를 받았으며, 인간 실존과 생명, 이성과 육체 사이의 본질적 문제에 천착하기 시작했다. 그의 사유는 쇼펜하우어의 철학으로 확장되었고, 특히 신체와 고통의 의미, 그리고 그로부터 도출되는 '동고(同苦)의 윤리학'에 깊은 관심을 가져 왔다. 이러한 문제의식을 바탕으로 수년간 일반 독자들과 함께하는 독서와 토론을 이어 왔으며, 그 결실이 바로 이 책 『초역 쇼펜하우어의 말』이다.

초역 쇼펜하우어의 말
필사집

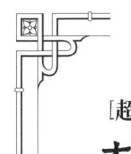

[超譯]
초역 쇼펜하우어의 말 필사집

아르투어 쇼펜하우어 지음
권용선 엮음

삶이 나를 밀어낼 때마다, 나는 쇼펜하우어의 문장을 단단히 쥐었다.
그 문장들은 결국 나를 부서뜨리지 않고, 나를 단련시켰다.

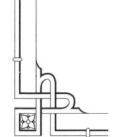

지혜의숲
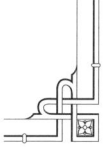

일러두기

이 책은 쇼펜하우어의 『의지와 표상으로서의 세계』, 『여록과 보유』, 『자연에서의 의지에 관하여』, 『도덕의 기초에 관하여』의 원문과 내용을 확인하고, 발췌한 뒤 읽기 쉽게 가다듬은 글을 실었습니다.

들어가며

아르투어 쇼펜하우어는 1788년 프로이센의 항구 도시인 단치히(현 폴란드 그단스크)에서 부유한 상인의 아들로 태어났다. 처음에는 아버지를 따라 상인이 되려 했지만, 철학의 매력에 깊이 빠져들어 학문의 세계로 뛰어들었다.

학자 쇼펜하우어의 길은 순탄하지 않았다. 서른 무렵 대표작 『의지와 표상으로서의 세계』를 세상에 내놓았지만, 당시의 반응은 차가웠다. 외면받은 것은 저서뿐만이 아니었다. 쇼펜하우어는 베를린 대학교(현 베를린 훔볼트 대학교)에서 강단에 섰지만, 당대 최고의 거장 헤겔과 하필 같은 시간에 강의를 맡게 되었고 강의실은 텅텅 비었다. 학자 쇼펜하우어는 그렇게 좌절 끝에 강단을 떠났다.

그는 이후 세상의 명성과는 거리를 두고 평생을 여행과 사색으로 보냈다. 하지만 뜻밖에도 말년이 다 되어 그의 철학은 재조명받게 되었다. 쇼펜하우어는 살아생전 큰 명예를 누렸으며 사후에는 마침내 거장의 반열에 올랐다.

 흔히 쇼펜하우어라고 하면 '염세주의자'라는 이미지를 떠올린다. 삶은 고통의 연속이며 인간은 욕망에 사로잡힌 존재라는 그의 주장은 분명 비관적으로 들린다. 하지만 그는 절망과 냉소를 전하려던 철학자가 아니었다. 그는 고통을 삶의 본질로 파악하는 대신, 고통을 정직하게 마주하며 외면하지 않았다. 그는 인간이 고통을 어떻게 견디고 감당할 수 있을지 진지하게 탐색했다.

 그의 사유는 먼저 고통의 본질을 깊이 이해하는 데서 출발한다. 쇼펜하우어가 말하는 고통은 단순한 개인적인 슬픔이나 자기 연민이 아니다. 그는 고통이란 존재 자체가 필연적으로 겪는 보편적이고 근원적인 것으로, 모든 생명체가 충족될 수 없는 욕망에 끊임없이 휘둘리기 때문에 생겨난다고 보았다.

 바로 이 지점에서 쇼펜하우어의 윤리학이 출발한다. 그는 타인의 고통을 자신의 고통처럼 느끼는 마음인 '동고(同苦)'를 윤리의 뿌리로, 동고를 바탕으로 타인을 도우려는 도덕적 의지인 '동정(同情)'을 윤리의 열매로 보았다. 자신의 고통을 정직하게 바라보는 사람만이 타인의 고통에도 응답할 수 있다. 이런 믿음으로 그는 '누구도 해치지 말고, 가능한 한 모든 존재를 도우라'는 동정의 실천을 강조했다. 이것은 책상 앞의 난해한 윤리적 구호가 아니었다. 모든 존재에 대한 기본적인 예의를 갖추고 진정한 연대를 이루라는 구체적인 요구였다. 자신의 고통에서 출발해 남의 고통으로, 여기서 다시 도덕적 행동으로 시야를 넓혀간 것이다. 이런 이유로, 우리는 쇼펜하우어의 철학에서 그의 '염세주의자' 이미지와는 달리 깊은 따뜻함을 발견하게 된다.

이 점을 알고 읽어도 그의 문장은 냉소적으로 읽히기는 한다. 처음 쇼펜하우어의 글을 접하는 사람이라면, 위로받기보다는 오히려 위안을 거부당하는 듯한 느낌을 받을 것이다. 그의 단호하고 정직한 문장이 살면서 애써 외면하던 생각과 감정을 정확히 찌르기 때문이다. 그러나 그런 냉정함은 삶을 회피하지 않고 끝까지 응시하는 태도에서 비롯된 것이다.

쇼펜하우어의 문장을 직접 따라 쓰는 동안, 독자는 어느새 그의 사유 속으로 깊이 스며든다. 읽을 때는 스쳐 갔던 문장이, 손을 따라 나올 때는 전혀 다른 얼굴로 되살아난다. 차가우면서도 온몸으로 부딪혀 오는 단어와 문장들. 그 안에는 말할 수 없을 정도의 커다란 고통과, 그럼에도 끝내 고통을 외면하지 않았던 한 사람의 태도가 담겨 있다. 그의 문장을 필사하는 것은 단순한 반복이 아니라, 쇼펜하우어와 마찬가지로 나 역시 마주할 내 삶의 고통을 견뎌 내는 방식이자 나의 삶을 깨닫는 하나의 과정이다.

쇼펜하우어는 삶의 고통을 아름다운 거짓으로 포장하지도 억지로 위로를 건네지도 않는다. 쇼펜하우어가 주는 그런 불편한 솔직함이야말로 삶을 있는 그대로 마주하게 하는 힘이다. 그는 거짓을 전하는 대신 기대를 내려놓을 때 찾아오는 평온, 소유 없는 관조에서 오는 자유, 그리고 연민을 통해 실현되는 윤리적 삶을 말한다. 바로 그런 이유에서 그의 철학은 오늘날에도 조용하지만 깊은 울림을 주며, 많은 이들에게 사랑받고 있다. 쇼펜하우어의 정직함이 주는 불편함을 기꺼이 견딜 수 있다면, 그 안에서 삶을 긍정하게 하는 진정한 위안과 용기를 얻게 되리라 믿는다.

차례

들어가며 · 5

1장 고통과 쾌락 · 16

- 001 지금을 낭비하지 마라
- 002 고통으로 쾌락을 사지 마라
- 003 고통 없는 삶이 행복한 삶이다
- 004 포기는 세계의 질서를 부정하는 행위이다
- 005 과거에 사로잡히면 내일이 없다
- 006 고통은 시간 속에서 작아진다
- 007 모든 것은 변한다
- 008 불행을 냉정히 마주하라
- 009 힘들 때는 방 밖으로 나가 빛을 쬐라
- 010 인생이 흔들릴 땐 거대한 자연 앞에 서라
- 011 나의 사소한 신호를 무시하지 마라
- 012 고통에는 끝이 없다
- 013 인간은 누구나 시간의 노예다
- 014 인간은 이 세계의 부품에 불과하다
- 015 인간은 모두 비극의 주인공이면서 희극의 광대다
- 016 삶이 공허하면 미신에 빠진다
- 017 짧아서 다행인 것이 인생이다
- 018 허영의 끝은 절망뿐이다
- 019 이 세계는 당신을 쓰고 버린다

- 020 당신이 영원히 행복할 수 없는 까닭
- 021 행운을 두려워하라
- 022 미리 잃어 보라
- 023 욕구가 없는 사람은 자유롭다

2장 나이듦과 죽음 • 68

- 024 삶은 끊임없이 죽음을 모면해 가는 것이다
- 025 어린 시절 본 것이 평생 간다
- 026 불행은 당신만을 특별히 사랑하지 않는다
- 027 권태는 젊음의 특권이다
- 028 젊음을 낭비하는 방법
- 029 젊음은 자기 자신을 모른다
- 030 투정하지 마라
- 031 우연히 꽃피는 인생은 없다
- 032 젊음은 뜨겁고, 중년은 무르익으며, 노년은 안온하다
- 033 기대하지 않으면 평화롭다
- 034 특별한 행복은 없다
- 035 몸은 늙어도 마음은 늙지 마라
- 036 반짝임은 시들어도 모습은 달리한다
- 037 나이를 내세우지 마라
- 038 삶의 끝에서 비로소 얻는 것들
- 039 죽음은 끝이 아니라 되돌려 주는 것이다
- 040 삶은 사랑으로 시작하고 죽음으로 완성된다
- 041 죽음은 삶의 또 다른 방식이다
- 042 영원한 무대도 가면도 없다

3장 나와 타인 • 108

043 남에게 인생을 낭비하지 마라
044 눈높이를 낮추는 순간 추락한다
045 친절은 약점으로 돌아온다
046 개와의 우정이 진짜 우정이다
047 인간은 남의 불행을 기다린다
048 지적 우월함은 적을 만든다
049 불행은 친구와 적을 맞바꾼다
050 '성격 좋다'는 말은 최악의 모욕이다
051 무례한 질문은 거짓말로 되받아쳐라
052 정보는 약점이다
053 혼잣말이 모든 것을 떠벌린다
054 코미디라고 생각하라
055 남의 단점은 잊지 마라
056 가면이 벗겨지는 순간을 놓치지 마라
057 울 줄 모르는 사람은 위험하다
058 동물을 함부로 하는 사람은 그 본성이 빤히 드러난다
059 어려운 사람을 외면하는 이를 다시 보라
060 버릇이 곧 그 사람의 수준이다
061 체형을 보면 성격을 안다
062 자식은 부모에게 의무가 없다
063 인간은 절대 고쳐 쓸 수 없다

4장 습관과 성공 • 152

064 지금 바로 움직여라
065 일기는 스승이다

066	거울을 볼 줄 모르는 사람은 추악하다
067	다른 누가 아닌 내가 되어라
068	매일 운동하면 일찍 죽는다
069	근육은 몰아붙일수록 살아나지만 신경은 몰아붙일수록 죽어간다
070	잠을 줄이면 생명도 줄어든다
071	노력은 운명을 이기지 못한다
072	기다림이 나을 때가 있다
073	인생은 전쟁이다
074	한번 쥔 돈은 놓지 마라
075	어제의 나를 비웃지 마라
076	올바른 후회란
077	욕망을 건드려라
078	일상의 경고를 붙잡아라
079	성격은 타고난다
080	인간은 두 개의 삶을 산다
081	자신을 모르면 인생이 헛되다
082	따라하지 마라

5장 이기심과 도덕 • 192

083	한 사람이 세상 모두를 멸망시킨다
084	이기심에는 대가가 따른다
085	남에 대한 잘못된 침범은 살인과도 같다
086	소유는 노력이다
087	과장도 거짓말이다
088	거짓말은 폭력보다 나쁘다
089	거짓말이 사회를 파괴한다
090	정당방위

091	거짓에는 거짓으로
092	법은 차갑다
093	법이 도덕이라는 착각
094	법은 인간을 바꾸지 못한다
095	법은 최소한의 기준이다
096	형벌은 미래를 지킨다
097	여론은 잔인하지만 정확하다
098	의인의 복수는 인류 최후의 양심이다
099	악인은 얼굴부터 다르다
100	악인이 되는 길은 쉽다
101	강의나 설교로는 사람을 바꿀 수 없다
102	무엇을 바라고 선한 행동을 하지 마라
103	남과 자신을 구분 짓지 마라
104	받은 유산이 있다면 사회를 잊지 마라
105	남에 대한 배려와 진정한 도덕
106	이기적인 사람은 매 순간 불안하다
107	희생할 수 없는 사랑은 이기심일 뿐이다
108	진짜 윤리는 학습하지 않아도 알 수 있다
109	예의범절은 위선이지만 필요하다
110	질투가 사회를 병들게 한다
111	이기주의자는 도덕을 좀먹는다
112	악인은 순수하다
113	옳고 그름은 자로 잴 수 없다
114	배신자는 용서해서는 안 된다
115	선행도 때론 칼이 된다
116	선행과 거래를 착각하지 마라
117	염세주의가 손짓할 때 떠올려야 할 것들
118	종교는 약하다
119	타고난 부자의 행복 요령
120	남이 고통받을 때 나타나는 사람
121	가짜 양심

6장 진리와 예술 • 272

122 진리는 승리한다
123 지식은 사라지지 않는다
124 농담은 인간의 허점을 드러내는 가장 지적인 칼이다
125 표절이 단순한 도둑질보다 더 악랄하다
126 철학자의 위선과 기회주의는 가장 역겨운 배신이다
127 허상이 아니라 본질로 평가받아라
128 논리와 이성이 전부가 아니다
129 만물의 영장인 척하지 마라
130 자연은 이길 수 없다
131 단 하루의 삶도 내 것이 아니다
132 이성은 직관을 방해한다
133 이성은 삶을 분석하지만 예술은 삶을 느끼게 한다
134 예술을 모르면 인간 자격이 없다
135 위대한 작품은 언제나 불편하다
136 천재는 자신에게 심취하지 않는다
137 자연에서만 진정한 자유를 얻는다
138 천재는 만족을 모른다
139 비유를 모르면 세계를 알 수 없다
140 평범한 사람과 천재는 눈이 다르다
141 진리는 무기이며 오류는 함정이다

7장 논쟁과 화술 • 314

142 중요한 말일수록 오히려 차갑게 던져라
143 교묘하게 논점을 부풀려라
144 단어 하나만 바꿔도 논쟁에서 이긴다

145 상대의 주장을 모든 상황으로 확대하라
146 결론을 숨기고 전제만 흩뿌려라
147 상대의 거짓 위에 진실을 세워라
148 결론을 증명하지 말고 전제 속에 숨겨라
149 이기고 싶다면 질문하라
150 이기고 싶다면 상대를 분노하게 하라
151 질문은 어지러울수록 좋다
152 상대가 반대만 한다면 반대로 물어라
153 특수한 사례를 일반적 진리로 포장하라
154 언어를 먼저 잡는 자가 논쟁을 지배한다
155 극단적 선택지로 상대를 몰아넣어라
156 논쟁은 목소리가 큰 자가 이긴다
157 낯설고 기이한 명제로 상대를 교란해라
158 논리에서 밀리면 상대를 공격하라
159 뜻이 아니라 해석으로 승부하라
160 패색이 짙거든 판 자체를 무너뜨려라
161 논점에서 밀렸다면 더 큰 질문으로 도망쳐라
162 결론은 묻지 말고 통보하라
163 궤변에 맞설 때는 품위를 버려라
164 증명을 요구하라
165 불난 논쟁에는 기름을 부어라
166 주장을 비틀어라
167 미친개에게는 적이 없다
168 강력한 반례 하나로 충분하다
169 받은 대로 돌려줘라
170 감정의 급소를 찔러라
171 청중의 웃음은 잔인하다
172 시간을 벌어라
173 권위는 가장 위대한 속임수다
174 나의 어리석음을 시인하라
175 혐오의 그림자를 덮어씌우라

176 현실을 인질로 잡아라
177 상대의 침묵을 절대 놓치지 마라
178 청중의 이해관계를 자극하라
179 난해함으로 상대를 압도하라
180 증거가 하나만 무너져도, 전체가 무너진다

1장
고통과 쾌락

001

지금을 낭비하지 마라

추억만 곱씹는 사람은 어리석고, 후회만 하는 사람은 가망이 없다. 계획만 세우는 사람은 한심하고, 장래를 근심만 하는 사람은 미련하다. 미래는 늘 기대를 배신하고, 과거는 기억만큼 아름답지 않다. 장밋빛 미래를 위한 희생은 착시다. 어차피 원하는 걸 얻어도 당신은 만족하지 못한다. 다음, 그다음, 또 그다음만 기다리다 삶 전체를 놓친다. 과거는 당신이 미화한 환상이다. 실제로는 사소한 불만으로 얼굴을 찡그리며 지냈다. 꼭 지금처럼 말이다.

오로지 지금만이 참된 실재다. 지금이 당신의 현실이다. 이 순간만이 진짜 당신의 것이다. 오늘을 살아라. 지금 이 순간을 존중하라. 훗날 인생이 고통스러울 때, 오늘이 빛나는 날로 기억될 것이다. 오늘 하루가, 당신의 인생 전부다.

_여록과 보유

002
고통으로 쾌락을 사지 마라

화려한 꿈과 야망을 좇는 자는 가장 순진하고 어리석은 사람이다. 세상이 약속하는 행복이란 기만에 불과하다. 낭만적 시와 소설이 유혹할 때 냉철한 이성으로 거부하라. 인간이 조장하는 욕망과 쾌락은 덧없는 신기루다. 운명은 냉담하며 잔혹하다. 우리가 소유했다고 믿는 모든 것은 언제든지 빼앗길 수 있다. 재물과 가족, 건강조차도 운명의 무자비한 지배 아래 있다.

쾌락을 얻기 위해 고통을 감내하는 자는 스스로 불행을 초래하는 것이다. 쾌락은 연기처럼 사라지며 오직 고통만이 변치 않는 현실이다. 인생이란 뜨거운 지옥에서 불길을 피하며 살아남는 것에 불과하다. 순간의 쾌락을 버리고 다가올 고통을 경계하라. 화려한 행복을 추구하면 할수록 삶은 더 고통스럽다.

고통 없는 지금 이 순간이 가장 값진 순간이다. 이것을 잊는 순간, 인생의 가장 끔찍한 고통이 현실이 될 것이다.

_여록과 보유

003

고통 없는 삶이 행복한 삶이다

즐거움을 쫓지 마라. 최고의 쾌락을 꿈꾸지 마라. 고통이야말로 즉각적이고, 가장 확실한 실재다. 손가락을 하나만 베어도 모든 것이 고통이다. 음식을 먹어도 음악을 들어도, 느끼는 건 아픈 손가락뿐이다. 온몸이 건강한데도 감사할 줄을 모른다. 인생도 마찬가지다. 작은 실패 하나가 모든 것을 삼킨다. 그전까지 누렸던 건강과 재산, 행운은 기억에서 사라진다. 순탄했던 수많은 날이 고통스러웠던 하루 앞에서 휘발되고, 오직 고통만이 나를 짓누른다. 인생은 즐기는 것이 아니라 버티는 것이다. 큰 정신적 고통, 육체적 고통이 없도록 대비하라. 고통을 피해 끝까지 살아남아 라. 진짜 행복한 삶은 덜 아픈 삶이다.

_ 여록과 보유

004
포기는 세계의 질서를 부정하는 행위이다

인간은 세계라는 거대한 흐름의 일부이며, 그것을 움직이는 힘의 작은 일부에 불과하다. 사회가 예상치 못한 방향으로 나아간다고 탄식하지 말고, 역사가 불합리해 보이는 방향으로 흘러간다고 해서 비탄하지 마라. 한 개인이 불운을 맞거나 재능을 펼치지 못한다고 해서 절망하지도 마라. 세상 모든 일들은 세계를 이루는 힘과 의지가 드러나는 과정일 뿐이며, 이는 피할 수도 막을 수도 없는 것이다. 이 세계가 존재하는 한 본질적인 힘과 의지는 변하지 않는다. 아무리 큰 실패와 좌절이 찾아온다 해도 그 본질적인 구조를 뒤집을 수 없다. 기억하라. 세계는 쉼 없이 움직이고 있으며 당신은 그 흐름 속에서 살아가는 존재다. 당신의 존재 자체가 세계가 지속되고 있음을 나타내는 증거다. 포기하지 말고 살아가라. 살아 있다는 그 사실만으로 세계의 본질을 증명하고 있는 것이다.

_ 의지와 표상으로서의 세계 3권

005
과거에 사로잡히면 내일이 없다

생각이 삶을 망가뜨린다. 너무 많은 생각은 너무 많은 자책을 만든다. 과거에 대한 상념은 반성이 아니라 스스로를 괴롭히는 끝없는 망상일 뿐이다. "그때 그렇게 했더라면?" 이 생각으로 스스로를 괴롭히지만 이미 자신도 알고 있다. 지나간 일은 다시 돌아오지 않으며, 우연과 필연, 착오가 뒤섞인 채 이루어진 결과일 뿐이라는 것을. 인생의 많은 일은 우리가 온전히 통제할 수 없다. 이미 끝난 일을 반복하여 떠올리며 고통을 연장시키지 말라. 한번 지나간 일을 다시 매듭짓거나 수정할 방법은 존재하지 않는다. 과거의 망상은 자책과 후회만을 증폭시키고 현실의 안정을 흔든다. 특히 어둠이 내린 새벽은 이러한 자책의 괴물이 가장 강력해지는 시간이다. 이 시간의 상념은 사람의 이성을 집어삼키고 판단력을 마비시킨다. 새벽의 상상과 걱정에 휘말리지 말고 그 시간에는 잠을 청하라. 충분한 휴식을 취한 후 아침이 되면 맑아진 이성으로 결정을 내리면 된다.

미래의 평온을 진정으로 원한다면 지금 즉시 과거에 얽힌 생각을 내려놓아야 한다. 과거는 이미 흘러가 버린 강물과 같아 아무리 손을 뻗어도 잡을 수 없다. 오직 지금의 현실만이 우리가 살아갈 수 있는 유일한 장소다.

_ 여록과 보유

006
고통은 시간 속에서 작아진다

고통에 부정적으로 반응할수록 고통은 더욱 증폭된다. 그 순간 논리나 언어는 무기력해지고 의미를 잃는다. 모욕과 험담, 악의와 같은 자극은 순간적으로 사람을 무너뜨리는 강력한 힘을 지니고 있다. 반드시 기억해야 할 것은 고통이 보여주는 현재의 크기가 영원하거나 참된 것이 아니라는 점이다.

즉각적인 판단을 내려서는 안 된다. 지금 거대한 그림자로 보이는 고통은 시간이 흐를수록 반드시 줄어든다. 모욕당한 순간에는 당신을 신뢰하고 지지하는 사람과 함께 있으라. 두려움이 찾아오면 감정이 아닌 해결책에만 주의를 집중하라.

인생에서 겪는 대부분의 고통은 그것을 느끼는 당시에만 심각하게 보일 뿐, 시간이 지나면 그 크기와 무게는 자연스레 줄어들기 마련이다. 삶에서 마주치는 모든 괴로움과 고통스러운 순간들은 결국 흘러가고, 새로운 경험과 기억으로 덮이면서 희미해진다.

지금 당장 느끼는 고통의 크기를 평가하지 말고 긴 시간의 흐름에

맡겨라. 거대하게 보이는 지금의 고통도 결국 시간이라는 무자비한 흐름 속에서 희미해지고 작아질 것이다. 고통을 객관적이고 냉철하게 바라보며 감정적 소모를 최소화하라.

_ 여록과 보유

007
모든 것은 변한다

모든 것이 영원하다고 착각하지 마라. 시간이 흐르면 반드시 바뀐다. 지금 보이는 모습만 믿지 말고 앞으로 다가올 변화를 상상하라. 맑은 하늘 아래에서는 먹구름을 떠올려라. 사랑에는 증오를, 우정에는 적의를, 행복 속에서는 불행을 떠올려라. 구름 덮인 날에는 맑은 하늘을 떠올려라. 배신의 순간에는 신뢰를, 추락할 때는 상승을, 불행 속에서는 행복을 떠올려라. 크게 슬퍼했던 일이 나중에 즐거움을 주고, 크게 기뻐했던 일이 뒤에 고통을 부른다. 언제나 준비하라. 시간이 흐르면 모두 변한다. 끝까지 버텨라. 시간이 지나면 모두 변한다. 변하지 않는 것은 오로지 변화뿐이다.

_ 여록과 보유

008

불행을 냉정히 마주하라

불행을 깊이 이해하라. 불행의 본질을 알고 그 실체를 직시하는 자만이 담담히 견뎌낼 수 있다. 삶은 끝없는 고통의 쳇바퀴다. 잠시나마 고통을 피하여 쉬려 할 때조차 다음 고통은 이미 내 곁에 와 있다. 인생의 고통은 끝나지 않는다. 주변 사람들이 견디고 있는 것, 당신이 앞으로 맞닥뜨리게 될 고통은 지금의 고통보다 훨씬 더 혹독하고 강렬할 수 있다.

불행에서 눈을 돌리지 말라. 고통의 성질을 냉정하고 철저하게 파악해야 한다. 그 근원을 깊이 숙고하면 막연한 두려움에 사로잡히지 않고 이성적인 예측이 가능하다. 불행을 정면에서 마주할 때만이 그 끝을 볼 수 있다. 항상 명심하라. 당신이 지금까지 마주한 고통보다 더 큰 불행이 언제든 기다리고 있을 수 있음을. 자신의 내면을 강철같이 단련하여 불행에 맞설 준비를 하라.

_여록과 보유

009

힘들 때는 방 밖으로 나가 빛을 쐬라

마음이 무겁고 생각이 복잡할 때는 방 안에 갇혀 있지 마라. 빛은 순수하고 아름다우며, 세계의 본질과 가장 가깝다. 욕망도 고통도 쾌락도 없이, 그저 우리 내면에 곧장 스며든다. 그래서 자연의 빛 앞에 서는 순간, 나 자신을 잊고 세계와 완전히 하나가 된다.

시각적 기쁨은 특별하다. 음악은 감정을 흔들고, 촉감은 고통과 쾌락을 주며 향기와 맛은 욕망을 자극한다. 그러나 빛은 어떤 욕구에도 관여하지 않는다. 빛은 순수하고 직관적인 기쁨을 주고 영혼에 평온을 가져온다.

생각이 복잡할 때는 더 깊이 생각하지 마라. 감각과 욕망에 갇혀 고민하지도 마라. 힘들 때는 그저 밖으로 나가 자연의 빛을 쐬라. 빛 속에서 치유가 시작된다.

_ 의지와 표상으로서의 세계 3권

010

인생이 흔들릴 땐 거대한 자연 앞에 서라

아무 소리도 들리지 않는 완벽한 고요의 공간, 끝없이 펼쳐진 지평선, 구름 한 점 없는 하늘 아래 서보라. 사람도, 동물도, 나무도 바람조차 숨을 죽인 그곳에서 모든 욕심과 잡념이 사라진다. 오로지 세상과 나의 본질만이 보인다.

거친 자연 속으로도 향해 보라. 거친 황무지, 천둥이 치고 폭풍우가 몰아치는 곳, 이끼 한 점 없는 바위와 거대한 절벽과 폭포 앞에 서 보라. 자연의 위대함과 세계의 거대한 힘을 느껴 보라. 내 존재는 작아지고, 나의 욕망과 고민은 사소해진다. 압도적인 자연을 마주할 때, 나를 잊고 세상과 하나가 된다.

_ 의지와 표상으로서의 세계 3권

011

나의 사소한 신호를 무시하지 마라

손톱을 물어뜯고, 머리카락을 쥐어뜯고, 가슴을 치고, 얼굴을 할퀴고 있다면 당장 하던 일을 모두 멈추고 자신을 돌아보라. 습관이 아니다. 마음이 지르는 비명이다. 인간은 정신적 고통이 심하면 일부러 자신의 몸을 학대해 정신의 고통에서 도망친다. 사소한 행동이라고 무시하지 마라. 당신의 무의식은 이미 경고를 보내고 있다. 정신적 고통을 방치하지 말고 그 근원을 냉철히 바라보라. 고통의 본질을 직시해야만 비로소 벗어날 수 있다.

_ 의지와 표상으로서의 세계 4권

012
고통에는 끝이 없다

지금 느끼는 고통이 왜 끝나지 않는지, 왜 나만 이렇게 힘든지 고민하며 스스로를 괴롭히지 마라. 고통은 인간의 삶을 구성하는 본질적 조건이며 삶이 지속되는 한 결코 사라지지 않는다. 우리는 살아남기 위해, 생존을 위해, 육체적인 고통과 싸우지만 이 싸움이 끝나면 허무함과 권태라는 더 깊은 고통이 찾아온다. 삶에서 고통이 완전히 사라지는 순간은 없다. 한 가지 고통이 사라지면 다른 고통이 빈자리를 채울 뿐이다. 새로운 고통은 당신의 곁에 항상 있었다. 당신이 그동안 인식할 여유가 없었을 뿐이다.
중요한 것은 고통을 어떻게 제거할 것인지가 아니라 그것을 어떻게 받아들이고 견뎌낼 것인가이다. 삶이라는 무한한 고통의 연쇄 속에서 내면을 단련하고 고통에 대한 저항력을 키워야 한다. 피할 수 없다면 함께 살아갈 방법을 찾아야 한다.

_ 의지와 표상으로서의 세계 4권

013
인간은 누구나 시간의 노예다

자만하지 말고 남을 무시하지도 마라. 아무리 똑똑한 사람이라도 결국 나이 속에 갇혀 산다. 마흔이 넘어 경험이 쌓이면 인간은 생각보다 멍청하고 비열하다는 사실을 깨닫는다. 그래서 마흔쯤에는 사람들과 점점 멀어진다. 노년이 가까워지면 중요한 일이 점점 없어진다. 기억은 짧아지고 불쾌한 일은 쉽게 잊는다. 노인은 누구보다 많은 과거를 지나왔지만, 그에게 과거란 아주 사소하다. 지나온 세월이 얼마나 짧고 하찮은지 알기에, 어떤 일도 그를 흔들고 불안하게 할 수 없다.

능력을 과신하지 마라. 당신 역시 시간의 흐름 앞에서 변화할 수밖에 없는 평범한 인간이다.

_여록과 보유

014
인간은 이 세계의 부품에 불과하다

조금만 더 멀리서 보라. 우리의 삶은 작고 초라하며 무의미하다.
인간은 그저 태엽이 감긴 장난감일 뿐이다. 태엽을 돌리거나 새
건전지를 넣어주면, 장난감은 왜 움직이는지도 모른 채 앞으로
나간다. 태어난다는 것은 그저 새 장난감의 전원이 켜지는 것이다.
누구나 수없이 반복된 멜로디를 조금 다르게 연주하다 멈춰버린다.
인간은 삶의 무게에 짓눌려 버둥거리지만, 거대한 우주의 시선에서
보면 정말 눈 깜짝할 순간 왔다가, 다음 사람에게 자리를 내주고
사라질 뿐이다. 그래서 사람들은 시체를 보고 갑자기 진지해진다.
그러나 이 깨달음마저 오래는 못 간다.
진정한 삶의 의미를 알고 싶다면, 냉정하게 멀리서 삶을 바라보라.
그러면 비로소 인생이 무엇인지 보이기 시작한다.

_ 의지와 표상으로서의 세계 4권

015

인간은 모두 비극의 주인공이면서 희극의 광대다

인생은 한 편의 코미디다. 코미디의 주인공이 고통받을수록 사람들은 웃는다. 매 순간 일이 꼬이고 넘어지고 당황할 때마다 관객들은 즐거워한다. 남의 이야기가 아니다. 당신도 똑같다. 운명에 휘둘려 고통받고 괴로워하는 당신의 모습도 조금 떨어져 보면 그저 우스운 희극이다.

당신 스스로는 비극의 주인공이라 믿겠지만, 멀리서 냉정히 보면 우습기 짝이 없는 희극 배우일 뿐이다.

이 진실을 받아들이지 않으면 당신은 영원히 운명의 농담 속에서 허우적거리게 될 것이다.

_ 의지와 표상으로서의 세계 4권

016

삶이 공허하면 미신에 빠진다

삶의 본질을 모르면 공허하다. 바쁘고 고통스러울 때는 차라리 낫다. 여유가 생겨 몸이 편안할 때, 견딜 수 없는 정신적 허기와 권태가 밀려온다. 편안함이 불안함으로 바뀌고, 어딘가에 자꾸 정신적 에너지를 쏟아부으려 한다. 그 끝이 공상이며 미신이다. 미신은 인간의 공허를 파고드는 마약과도 같다. 미신에 정신을 팔기 시작하면 삶의 본질에서 점점 멀어지고, 스스로의 삶을 통제할 힘을 잃게 된다.

미신에 당신의 정신을 낭비하지 마라. 삶을 직시하고 본질을 마주하라. 미신은 언제든 당신을 노예로 삼으려 틈을 엿보고 있다.

_ 의지와 표상으로서의 세계 4권

017
짧아서 다행인 것이 인생이다

단테는 『신곡』에서 현실 세계를 반영해 지옥을 그렸다. 그러나 천국을 묘사하려 하자 현실에서 아무것도 참고할 수 없었다. 인간이 매일 마주한 현실이란 이런 것이다. 우주적이고 거대한 관점이 아니라, 개인의 작은 시선에서 보면 모든 삶은 고통과 불행의 연속일 뿐이다. 사람들이 진정으로 현명하고 솔직하다면, 누구도 인생을 다시 살고 싶지는 않을 것이다.
짧아서 아쉬운 것이 인생이지만, 짧기 때문에 다행인 것이 인생이다.

_ 의지와 표상으로서의 세계 4권

018
허영의 끝은 절망뿐이다

인생이란 허접한 싸구려다. 사람들은 그 초라함을 감추려고 얄팍한 허영으로 자신을 꽁꽁 포장한다. 허영이 심할수록 속이 텅 빈 인간이다. 공허한 사람일수록 남들의 시선과 평가에만 매달려 행복한 척 연기하며 살아간다.

그 얇은 포장지를 벗겨내면, 그 안에는 피할 수 없는 강렬한 고통이 웅크리고 있다. 허영으로는 고통을 잠시 가릴 수 있을 뿐, 절대 줄일 수는 없다. 끝없는 허영 끝에 남는 것은 텅 빈 내면과 처절한 절망뿐이다.

_ 의지와 표상으로서의 세계 4권

019
이 세계는 당신을 쓰고 버린다

이 세계는 당신에게 철저히 냉정하다. 인간이 종족을 유지하는 방식을 보라. 생식과 섹스의 문제는 한 개인의 생명과는 상관이 없다. 만약 세계가 상냥했다면, 그저 당신이 오롯이 자신만을 위해 살게 했을 것이다. 그러나 현실은 다르다.

당신이 겨우겨우 생존해 있음을 확인하는 순간, 자연은 당신에게 강렬한 명령을 내린다. 당신의 육체적 힘과 정신적 에너지를 끌어모아 번식하고 양육하라고 몰아넣는다. 생식이 끝난 곤충이 차갑게 버려지고, 당신 또한 임무를 마치면 미련 없이 내던져진다. 이 세계가 당신을 어떻게 다루는지 제대로 직시하라.

_ 의지와 표상으로서의 세계 4권

020
당신이 영원히 행복할 수 없는 까닭

가진 것이 적다고 불평하지 마라. 지금 불평하고 있는가? 그렇다면 더 많은 것을 가져도 영원히 불행할 것이다. 문제는 가진 것이 아니라 바로 당신이다. 인간은 언제나 손끝에 닿을 듯한 목표만 쫓는다. 조금만 가까워져도 환희에 들뜨고 한 발짝만 멀어져도 세상이 끝나버린 듯 절망한다. 가난한 사람은 가난해서 울고, 부자는 더 가질 수 없는 것에 한탄하며 운다.

지금 갖고 있는 것에 집중하라. 욕구가 소유를 넘어서지 못하도록 하라. 지금 가진 것 안에서 만족하지 못한다면 당신은 결국 무엇을 얼마나 가지더라도 절대로 행복할 수 없다.

_ 여록과 보유

021
행운을 두려워하라

요즘 운이 좋은가? 돈이 따라오고 일이 풀리는가? 축하한다. 이제 곧 불행해질 차례다. 행복한 사람에겐 불운이 남아 있고 불운한 사람에겐 행복만이 남아 있다. 당장은 세상이 끝난 것 같지만, 그들은 다시 일어선다. 시간이 지나고 나니 생각보다 괜찮다며 불운을 겪는 사람은 욕망을 스스로 제한하게 된다. 욕구를 줄이는 과정은 지옥이지만, 시간이 흐르면 가진 것에 만족할 줄 알게 된다. 문제는 갑자기 운이 붙는 사람이다. 행운의 순간은 황홀하고 기쁘지만 곧 더 큰 욕망이 찾아와 이성을 마비시키고 결국 파멸로 몰아넣는다. 그 순간부터 불행이 시작된다.
행운을 얻었다면 두려워하라. 행운은 달콤한 독이다. 이 독이 당신을 망치도록 내버려두지 마라. 순간적인 행운에 현혹되어서는 안 된다.

_여록과 보유

022

미리 잃어 보라

소유가 아니라 상실을 연습하라. 부러워하면 끝없이 고통받는다. 대신 지금 가진 것을 모조리 잃었다고 상상하라. 당신에게는 잃어버릴 것이 많다. 가족, 친구, 집, 건강, 옆에 있는 작은 존재들까지. 소중한 것은 잃고 나서야 보인다. 미리 잃어 봐야 두 번 울지 않는다. 상실을 미리 겪어 보면 절대 놓지 말아야 할 것들이 보인다. 지금 가진 것에 집중하라.
소중한 것을 지키고 싶다면, 지금 당장 잃어 보라. 내 행복이 얼마나 위태로운 것인지 온몸으로 느껴라. 그래야 지금 이 행복이 살아남는다.

_ 여록과 보유

023
욕구가 없는 사람은 자유롭다

세상의 본질을 깨달은 사람은 금욕적이다. 종교나 철학이 인정하는 훌륭한 성자들의 삶을 살펴보라. 그들은 육체가 주는 쾌락과 고통에서 벗어난다. 그는 이 세계가 자신에게 준 육체가 끊임없이 이기심과 고통을 낳는다는 사실을 잘 알아, 육체적인 욕망을 부정해 굴레에서 벗어나려 한다. 그는 필요한 영양만을 섭취하고 성욕에도 흔들리지 않는다. 스스로 가난 속으로 걸어가며, 남들이 자신을 해치고 고통스럽게 해도 조용히 받아들인다. 악행을 선행으로 갚으며 어떤 욕망이나 분노도 내면에 허락하지 않는다.

세계도 이 사람만은 또다시 고통의 순환에 몰아넣지 못한다. 그의 세계는 죽음과 동시에 진정으로 끝난다.

_ 의지와 표상으로서의 세계 4권

2장
나이듦과 죽음

024

삶은 끊임없이 죽음을 모면해 가는 것이다

삶이란 '지금'의 연속이며, 지금은 당신의 손에서 매 순간 과거로 사라진다. 살아 있다는 것은 곧 매 순간 죽음을 맞이하고 있는 것이다. 삶은 그저 죽음을 잠시 미뤄 둔 것에 불과하다. 매 들숨과 날숨, 매끼의 끼니, 매일의 수면, 무엇 하나 죽음과 싸우고 있지 않은 것이 없다. 그러나 이 모든 노력에도 결국 죽음은 필연적으로 승리한다.

죽음은 항상 우리 곁에 있다. 우리는 태어났을 때부터 죽음의 손아귀에 있다. 죽음을 마주하지 않고 삶의 진정한 의미를 찾을 수는 없다. 죽음을 외면하는 순간, 삶도 의미를 잃는다.

_ 의지와 표상으로서의 세계 4권

025
어린 시절 본 것이 평생 간다

아이에게 아무것이나 보여주어선 안 된다. 아이는 눈앞의 물건을 보는 것 같지만 그 너머 본질적 개념까지 흡수한다. 자동차 장난감을 가지고 놀면 아이는 자동차라는 광범위한 개념을 인식한다. 특정 모양의 장난감을 준다면 아이는 그 형태가 자동차의 본질이라 믿게 될 수 있다. 세월이 흐르면 경험이 쌓이고 자세한 인상은 바뀔 수 있다. 그러나 처음의 인식은 절대 사라지지 않고, 모든 경험을 담는 틀이 되어 평생 남는다.

어린 시절에 인생관이 정해지고 삶의 방향이 결정된다. 한번 굳어진 틀은 바뀌지 않는다. 아이를 대할 때는 신중하라.

_여록과 보유

026

불행은 당신만을 특별히 사랑하지 않는다

젊은 날엔 무엇이든 직접 경험하고 행동하려 한다. 대부분 잘 안 된다. 꿈대로 되는 것이 하나 없다. 쌓인 불만은 자신을 안에서부터 갉아먹는다. 온 세상이 원망스럽다. 괜찮다. 당신은 지금 처음 마주했을 뿐이다. 그 고통은 당신 잘못도, 환경 탓도 아니다. 고통은 어디에나 있다. 당신보다 나이 든 사람은 이미 겪었고 당신보다 어린 사람도 곧 겪을 것이다. 당신보다 유복한 사람도 당신보다 불우한 사람도 예외는 없다. 삶은 모두 공허하고 고통스럽다.
당신이 특별하다고 착각하지 마라. 불운과 불행이 오직 당신을 사랑한다고 생각하지 마라. 고통 앞에선 모두가 평등하다.

_ 여록과 보유

027
권태는 젊음의 특권이다

인생의 바퀴는 시간이 흐를수록 점점 빨라진다. 이제 막 움직이기 시작한 삶은 천천히 굴러간다. 젊은 시절의 방황, 권태는 지루하고 무의미하게 느껴질 수 있다. 그러나 이 권태야말로 삶의 본질을 탐구하는 시간이다. 자신의 존재를 깊이 성찰할 수 있는 귀중한 기회다.

이 권태를 견디지 못하고 삶을 허비하면 삶의 속도는 걷잡을 수 없이 빨라진다. 그때 늙음이 불현듯 다가온다. 지금 느리게 흘러가는 이 귀한 순간을 결코 놓치지 마라. 권태 속에서 길을 찾아내고, 자신만의 의미를 창조하라. 그것이 젊음에 부여된 가장 큰 책임이자 의무이다.

_ 여록과 보유

028

젊음을 낭비하는 방법

젊음은 쉽게 흔들린다. 유행을 좇고, 남의 말에 휘둘리고, 세상의 기준에 휩쓸린다. 이런 젊음은 허비된 젊음이다.
성장은 내면에서 시작된다. 나이 들지 않는 인생은 없고, 성장하지 않는 젊음 또한 없다. 아직 늦지 않았다. 세상의 시선, 목소리에서 벗어나 자신의 내면을 냉철하게 들여다보라. 자기만의 주관을 세우고, 자신을 찾아라. 타인의 기대가 아니라 자신의 선택을 따르라. 자기 자신 없이 사는 건 죽은 삶이다.

_ 여록과 보유

029
젊음은 자기 자신을 모른다

젊음이 뜨겁다는 건, 사실 미쳐 있다는 뜻이다. 감정의 폭풍, 끝없는 불만, 근거 없는 슬픔. 답 없는 방황, 이 모든 것들은 정념의 잔재다. 인간은 욕망과 충동의 사슬에 묶여 살아가면서도 그것을 자유라 착각한다.

그러나 자유란 정념이 꺼진 뒤에야 겨우 입장할 수 있는 인생의 마지막 손님 같은 것이다. 무르익은 이성은 삶을 견딜 만한 것으로 만들어 주고, 관조는 인생을 살 만한 곳으로 가꾸어 준다. 그때서야 우리는 비로소 자기 삶을 다룰 수 있게 된다.

_ 여록과 보유

030

투정하지 마라

어떤 이는 젊어서 두각을 나타내고, 또 어떤 이는 늦어서 비로소
진가를 발휘한다. 문제는 때가 아니라 인생을 대하는 태도다.
전성기는 정해진 것도, 예고되는 것도 아니다. 그저 한탄만 하며
인생을 불평하는 자에게, 전성기는 영영 오지 않는다.
그러나 절망할 필요는 없다. 얼마를 살았든 인생을 여전히
모르겠다면, 지금을 믿고 살아가라. 이 순간이 그토록 기다려 왔던
전성기를 앞둔 관문일지도 모르기에.

_ 여록과 보유

031

우연히 꽃피는 인생은 없다

권태 안에 안주하면 젊음은 고여서 썩는다. 부지런히 씨앗을 찾아 뿌려야 한다. 아무것도 준비하지 않았다면 응당 얻을 것도 없다. 늙음이 저절로 지혜를 주지 않기 때문이다.

부지런히 단련하라. 지금 뿌린 작은 씨앗은 훗날 당신의 깊고 단단한 뿌리로 자라난다. 단단한 뿌리 위에서만 꽃이 피어나고 경험과 통찰이라는 열매는 결코 우연히 맺히지 않는다. 보상은 더디나, 분명 위대할 것이다. 기억하라. 젊음을 허비하고도 지혜로워진 노인은 세상에 없다는 것을.

_ 여록과 보유

032

젊음은 뜨겁고, 중년은 무르익으며, 노년은 안온하다

젊음은 사방으로 튀어 오르는 불꽃이다. 방향은 없고, 속도만 있다. 어디든 옮겨붙는다. 중년은 오래 타는 장작이다. 자신의 일, 가족, 야망. 이 모든 것을 위해 자신을 연료 삼아 묵묵히 타오른다. 노년은 서서히 식어 가는 재와 같다. 뜨거웠던 생의 열기를 간직한 채 고요히 굳어 간다.

삶의 열기는 점차 흩어지고, 재가 되어 내려앉는다. 재가 내려앉은 순간의 침묵은 평화롭다. 인간은 생의 진짜 무게를 느끼고, 불필요한 것들을 내려놓는다. 타오르고 사그라들며 마침내 식어 가는 모든 순간이 곧 인생이다.

_ 여록과 보유

033

기대하지 않으면 평화롭다

젊었을 때는 거창한 행복에 대한 기대로 고통스럽고, 나이가 들면 다가올 불행에 대한 두려움에 고통스럽다. 소설과 드라마는 이미 잊었다. 행복은 그저 환상이며, 고통만이 현실이다. 전화벨이 울릴 때마다 나이 든 사람은 두려워한다. "무슨 일이지? 또 뭐가 잘못됐나?"

그럴 땐 평온은 특별함에 있지 않다는 것을 떠올려라. 작고 평범한 기쁨을 소중히 여기고 음미하라. 그것이 나이 든 사람의 특권이며 삶을 평온하게 만드는 비결이다.

_ 여록과 보유

034
특별한 행복은 없다

세계는 보기에는 찬란하나, 실상은 두렵다. 젊을 때는 거창한 행복을 좇느라 늘 불행하다. 맛있는 식사를 하고 좋은 사람과 가볍게 산책하고도, "이게 인생의 전부는 아니지. 더 큰 행복이 있을 거야" 하고 생각하면 당신은 아직 젊다. 전화벨이 울리자마자 "즐거운 소식이겠지!"라고 기대한다면 당신은 아직 젊다. 인생이 한 편의 소설과 드라마 같기를 바란다면 역시 당신은 아직 젊다. 젊은 날의 로망은 실망을 낳는다. 꿈은 그저 꿈일 뿐이다.

아주 특별한 행복을 찾아 온 세상을 헤매고 있다면 당신은 아직 젊다. 존재하지 않는 것을 열정적으로 갈망하고 있는 당신은 아직 젊다. 그런 행복은 처음부터 없었다고 깨달았다면, 당신은 이미 젊음을 지나쳤다.

_ 여록과 보유

035

몸은 늙어도 마음은 늙지 마라

나이가 들어갈수록 모든 것이 희미해진다. 기쁨도, 슬픔도, 감동도, 놀라움도 모두 옅어진다. 똑같은 일상은 무심히 반복되며, 그런 하루는 쉬이 기억되지 않는다. 무료하고 덧없는 시간은 낙엽처럼 바스러진다. 늙어감이란 그런 것이다.
늙은 마음으로 삶을 놓치고 싶지 않다면 순간을 붙잡아야 한다.
의식을 날카롭게 다듬어 매 순간을 충만하게 느껴보라. 그런 마음에는 영원한 젊음이 깃들기 마련이다.

_ 여록과 보유

036

반짝임은 시들어도 모습을 달리한다

지적인 반짝임은 시들기 마련이다. 젊어서 육체와 환경에 맞춰 절정에 이른 뒤 마침내 쇠퇴한다. 그러나 경험과 지혜는 시간이 흐를수록 점점 축적되어 다른 방식으로 빛나기 시작한다. 인생의 앞부분은 본문이고, 뒷부분은 그에 대한 주석이다. 주석 없이는 본문을 이해할 수 없고, 본문 없이는 주석이 의미 없다. 지식은 빛나지만, 해석은 늦게 도착한다. 노년의 통찰이 있어야 젊은 날의 삶을 비로소 이해할 수 있다.

_ 여록과 보유

037

나이를 내세우지 마라

나이가 든다고 다 훌륭한 인간이 되지는 않는다. 어떤 사람은 나이 들어 더 훌륭해지지만, 누구는 더 비열하고 구질구질한 인간이 된다. 젊을 땐 다들 자기 자신을 잘 모른다. 가짜 동기에 끌려다니고, 착한 척, 센 척, 바른 척하면서 산다. 그러나 시간이 지나면 진짜 자기 성격이 드러난다. 내가 남을 알아가듯, 자신에게도 자기를 알아가는 시간이 필요해서다. 그래서 나이를 먹었다고 꼭 존경하지 않아도 된다. 다만 노인이 되었는데도 여전히 괜찮은 사람이고 커다란 잘못을 저지르지 않았다면 인정해야 한다.

오래 살았다고 모두 위대한 것은 아니다. 남에게 나이를 내세울 때, 먼저 그 삶이 존경받을 만한지 돌아봐라.

_ 도덕의 기초에 관하여

038
삶의 끝에서 비로소 얻는 것들

청춘은 세상이 자신을 위해 마련된 축제장이라 믿는다. 행복이 자신을 자연히 따라올 것이라 착각한다. 그러나 세계는 어떤 생의 시기에도 특별한 예우를 베풀지 않는다. 희망은 드물게 실현되며, 실현된 기쁨조차 오래 머무르지 않는다. 기쁨이 지나간 자리는 늘 공허와 고통이 남는다.

노인은 잘 안다. 인생을 가치 있게 만드는 것은 성취가 아니라, 고통이 덜한 상태 그 자체라는 사실을. 헛된 기대를 버린다면, 그 순간부터 삶은 덜 잔인하게, 더 너그럽게 당신을 껴안을 것이다.

_ 여록과 보유

039

죽음은 끝이 아니라 되돌려 주는 것이다

죽음은 모든 존재의 최종 소멸이 아니다. 오히려 모든 생명이 빌려온 것을 세계에 되돌려 주는 자연의 냉정한 질서다. 지금 당신이 들이쉬는 공기 역시 과거에 죽어간 수많은 이들의 마지막 숨이었을지 모른다. 당신의 몸을 이루는 물질 하나하나에도 이미 오래전에 죽어간 생명의 흔적이 남아 있다.

모든 생명은 죽음의 흔적을 품고 태어난다. 죽음을 거쳐 다시 세상으로 간다. 죽음은 삶의 정반대가 아니라 삶의 연장선상이자 마침표다. 모든 존재가 거쳐야 하는 순환의 고리다. 삶의 시작점과 끝은 결국 같은 지점에서 만난다. 이것이 자연의 법칙이며 생명의 운명이다.

죽음은 사라지는 것이 아니라 본래 있던 곳으로 되돌아가는 것이다. 죽음을 두려워하거나 외면하지 말라.

_ 여록과 보유

040

삶은 사랑으로 시작하고 죽음으로 완성된다

인간의 삶은 하나의 궤도와 같다. 처음엔 민첩하고 반짝이며 출발하지만 시간의 흐름과 함께 서서히 빛을 잃으며 멀어진다. 탄생은 사랑이라는 불꽃에서 시작된다. 그러나 죽음은 그 불꽃의 단순한 소멸이 아니라 빛이 다한 후의 자연스러운 귀환이다. 사랑은 씨앗을 심는 것과 같고 죽음은 그 열매를 거두는 것과 같다. 삶이라는 땅 위에 사랑을 심고 마침내 죽음을 통해 수확한다. 우리가 숨을 내쉴 때마다 이 둘은 서로를 마주 보고 이어지며 서로를 비추고 있다.

사랑에서 시작된 삶이 죽음을 통해 완성된다면, 죽음은 두려움의 대상이 아니라 귀환의 형식이다. 죽음을 맞는 마지막 순간에도 우리가 할 수 있는 가장 가치 있는 일은 더 깊고 진실하게 사랑하는 것이다. 삶의 마지막 순간이 처음보다 더 깊은 사랑으로 채워진다면 그것만으로도 충분히 완전한 삶이다.

_여록과 보유

041

죽음은 삶의 또 다른 방식이다

당신의 혈액과 세포는 지금 이 순간에도 끊임없이 죽고 다시 태어나고 있다. 그러나 그 누구도 이 변화를 슬퍼하거나 두려워하지 않는다. 어둠이 와도 태양은 여전히 빛나고 있듯 삶이 멈춘 뒤에도 세계의 힘은 계속된다. 탄생과 죽음 또한 이 거대한 세계의 질서 안에서 벌어지는 자연스러운 현상일 뿐이다.

생일을 축하하거나 죽음을 슬퍼할 이유도 없다. 모든 생명은 그저 잠시 세계로부터 존재를 빌려 쓰고 있을 뿐이다. 아무리 발버둥 친다고 해도 언젠가는 반드시 되돌려 주어야 한다. 당신 한 사람이 사라진다고 해서 세상은 조금도 바뀌지 않는다. 당신의 죽음으로 인해 세계의 흐름이 멈추는 일도 없다.

삶을 빌린 사람에게 죽음은 너무나 당연한 반환의 의무다. 죽음을 두려워하지 마라. 이 사실을 받아들일 때만 비로소 삶을 진정으로 받아들일 수 있다.

_ 의지와 표상으로서의 세계 4권

042
영원한 무대도 가면도 없다

인생의 끝자락은 가면무도회의 폐막과 닮았다. 조명이 꺼지고 가면이 벗겨지면 비로소 평생을 함께했던 사람들이 어떤 이들이었는지 깨닫는다. 진짜 얼굴은 오랜 시간의 심판을 거쳐서야 드러난다. 더욱 놀라운 것은 자기 자신조차 끝에 다다라서야 비로소 이해하게 된다는 사실이다. 젊은 날 좇던 욕망, 타인과 세계 사이에서 헤매며 찾던 자기의 위치. 그 모든 것은 노년에 이르러서야 선명한 제자리로 돌아온다. 진실은 끝에서야 얼굴을 드러낸다. 삶이란 결국, 가면을 벗고 자기 자신을 마주하도록 만들어진 무대인 것이다.

_여록과 보유

3장

나와 타인

043

남에게 인생을 낭비하지 마라

남 눈치 보며 인생을 허비하지 마라. 원하지 않는 모임에 억지로 나가는 순간, 당신은 스스로를 배신하는 것이다. 속이 빈 사람들이 나누는 대화는 저급하고 얄팍하다. 돈, 신분, 유행을 논하며 서로를 기만한다. 인간의 비참한 본질을 순간의 쾌락으로 덮으려 애쓰는 것이다. 세상은 특별함을 견디지 못한다. 사람들은 당신이 별 볼 일 없길 바란다.

인간관계 속에서 자신을 잃지 마라. 인간관계가 당신을 파괴할 수 있다. 군중 속에는 자유가 없다. 고독 속에만 진짜 당신이 있다. 사람들이 몰려있는 곳에서도 고독을 지켜라. 누구에게도 기대하지 말고 누구의 인정도 구하지 마라. 남에게 당신의 생각을 쉽게 드러내지 말고 타인의 말에도 깊은 의미를 부여하지 마라. 언제나 거리를 유지하라. 혼자일 때, 당신은 가장 자유롭고 가장 온전하다.

_ 여록과 보유

/   /

044

눈높이를 낮추는 순간 추락한다

눈높이는 어린아이에게나 맞춰라. 성인의 수준에 눈높이를 맞추는 순간 추락만이 기다리고 있다. 지능과 품성에도 높낮이가 있다. 내 수준이 높으면 상대의 본질이 환히 보인다. 상대의 장점과 결점이 모두 명확히 드러난다. 만약 아무것도 보이지 않거나 결점만 보인다면, 그것이 바로 그 사람의 수준이다.

천박한 사람과 어울리는 순간 나도 천박해진다. 천박한 사람의 눈으로는 고귀한 사람과 천박한 사람을 구별할 수 없다. 훌륭한 사람도 진흙탕으로 끌려 내려와 뒹굴게 된다. 훌륭한 무용수는 절름발이와 춤추지 않는다. 천박한 사람과는 반드시 거리를 두라. 그들을 피하지 못했다면 당신도 결국 그들과 다를 바 없다는 뜻이다.

_여록과 보유

045

친절은 약점으로 돌아온다

인간은 승냥이다. 지금도 곁에서 당신을 먹잇감처럼 노리고 있다. 당신이 강하게 나가면 꼬리를 내리지만, 조금이라도 약해 보이면 짓밟고 올라선다. 남에게 무조건 잘해주면 당신의 가치는 곧바로 추락한다. 냉정하게 선을 그어라. 단호하게, 매정하게 굴어야 당신의 가치가 오른다. "너는 나를 필요로 해." 이런 생각을 절대 허락하지 마라. 의지하고 있다고 생각하게 하지 마라. 허물없게 굴도록 놔두지 마라. 저급한 인간일수록 가까워지면 금방 무례해지고 간섭하며 반드시 선을 넘는다. 분명히 보여줘라. "너 없어도 나는 아무렇지도 않아."
차가운 선 긋기가 내 가치와 나의 인간관계를 지켜준다. 잘해주면 먹히고 만다.

_여록과 보유

046
개와의 우정이 진짜 우정이다

개는 거짓말하지 않는다. 꼬리를 흔들며 마음을 솔직하게 드러낸다. 반면 인간의 우정은 위선과 허식, 그리고 위조된 감정이다. 진짜 친구는 나와 하나가 되어야 한다. 친구의 행복을 진심으로 바라고 친구의 기쁨과 슬픔을 내 일처럼 느끼며, 친구 대신 더 슬퍼하고 화낼 줄 안다. 그러나 이런 진짜 우정은 환상에 불과하다. 인간의 우정은 이기심을 뛰어넘을 수 없다. 소위 친구라는 사람이 등 뒤에서 내뱉는 말을 듣는 순간, 사람에 대한 믿음은 무너질 것이다.

인간과의 우정을 믿느니 차라리 개와의 우정을 믿어라. 인간은 반드시 당신을 배반한다. 배신당하고 나서 후회해도 늦다. 인간의 본성을 간과하지 말고 언제나 냉정히 대비하라.

_ 여록과 보유

047
인간은 남의 불행을 기다린다

곁에 있는 사람이 정말 내 편인지 알고 싶다면 지금 당장 불행하다고 털어놓아라. 진짜 친구에게는 다른 표정이 없다. 오직 당신만을 걱정하고 염려하며, 순수하게 슬퍼한다. 그러나 가짜 친구는 무표정을 연기하며, 그 가운데 미묘한 표정이 스치고 지나간다. 그들에게 당신의 불행은 은밀한 즐거움이다. 인간을 기쁘게 하는 방법은 매우 쉽다. 내게 닥친 불운을 털어놓으면 된다. 그러면 그들은 조용히 희열을 느낀다. 이것이 인간이다. 라로슈푸코는 이를 정확히 간파했다. "가장 친한 친구의 불행 속에서도, 우리는 늘 그리 불쾌하지만은 않은 무언가를 발견한다." 곤경을 겪어야 친구가 곁에서 사라진다는 말은 착각이다. 친구라는 이름을 붙이는 순간부터, 그들은 곤경을 틈타 당신에게서 무언가를 얻으려 했을 뿐이다. 함부로 친구를 믿지 마라. 인간의 본질은 언제나 기대를 배신한다.

_ 여록과 보유

048

지적 우월함은 적을 만든다

지식과 교양을 칭송하는 말을 믿지 마라. 그들이 진짜 찬양하는 것은 오로지 자기 자신의 지식과 교양뿐이다. 풋내기는 사람들의 말을 곧이곧대로 믿고서, 지식과 교양으로 호의를 사려 한다. 그러나 고립과 소외는 여기서 시작된다. 인간이 동물 위에 군림하는 것이 지성 때문이듯, 뛰어난 지성의 소유자 또한 평범한 사람 위에 서게 된다. 압도당한 인간은 시기하고 분노한다. 그들은 자신의 존재 자체가 위협받았다고 느끼고 복수심을 키우며 기회를 엿본다. 지적으로 뛰어난 자가 방심하는 순간 가차 없이 모욕하고 상처 입힐 것이다.

지적 우월함에 대한 최고의 칭찬은 존중이 아니라 무시다. 인간은 남의 탁월함을 알아차리는 순간 본능적으로 반발한다. 겸손마저도 교묘한 잘난 척으로 받아들인다. 뛰어난 능력을 함부로 드러내지 마라. 특별한 재능은 필연적으로 고립을 부른다.

_ 여록과 보유

049

불행은 친구와 적을 맞바꾼다

사람들은 행복한 당신을 질투한다. 겉으로는 웃으면서도 속으로 당신이 망하기를 바란다. 그런데 진짜 불행이 당신을 찾아온 순간, 질투는 신기루처럼 사라진다. 믿었던 친구들은 당신을 외면하고 조용히 등을 돌린다. 그 빈자리를 채우는 것은 늘 차가웠던 적들의 갑작스러운 위로와 친절이다. 행복했던 사람은 그 연민조차 견디지 못한다. 질투가 사라졌다는 것을 가장 참을 수 없는 모욕으로 느끼기 때문이다.

불행은 기묘하다. 적은 친구처럼 보이고, 친구는 침묵으로 배신한다. 사람들은 당신의 불행 앞에서만 착해진다.

_ 도덕의 기초에 관하여

050
'성격 좋다'는 말은 최악의 모욕이다

'성격이 좋다'는 말은 듣기 좋게 포장된 모욕이다. 누군가가 당신에게 '성격이 좋다'고 말하면 즉시 의심하고 경계하라. 성격이 좋다고 칭찬받는 사람을 자세히 관찰하라. 재능이 없거나 매력이 없고, 외모가 볼품없는 사람뿐이다. 인간은 본능적으로 자신보다 못한 사람과 있을 때 우월감을 느낀다. 어리석고 초라한 사람을 옆에 두고서 자신이 특별하다는 환상에 빠져든다. 이 과정이 너무 자연스러워 스스로도 눈치채지 못하고, 설령 깨달아도 본능적으로 부정한다. 어리석음은 인간관계의 완벽한 윤활유다. 모든 인간은 똑똑한 척 주인공 노릇을 하고 싶어 한다. 그래서 본능적으로 자신을 빛나게 할 어리석은 상대를 찾는다.
'성격이 좋다'는 말에 기뻐하지 마라. 그런 말을 하는 사람을 멀리하라. 이 말을 입 밖에 내지도, 귀담아듣지도 마라. 추악하고 병적인 비교에서 벗어나 오직 스스로를 믿고 의지하라.

_여록과 보유

051
무례한 질문은 거짓말로 되받아쳐라

폭력은 악이지만 자신을 지키기 위한 폭력은 정당방위라는 이름으로 정당화된다. 마찬가지로 거짓말 또한 원칙적으로는 나쁘지만, 스스로를 보호하기 위한 거짓말은 정당방위다. 힘이 없을 때 침범당하면 주먹 대신 거짓말을 써라. 강도와 권력자에게 굳이 진실을 선물할 필요는 없다.

참견도 일종의 침범이다. 아무 자격도 없는 사람들이 당신의 사생활에 발을 들이민다. 진실을 말하기 싫다고 버티면 의심의 눈초리를 받는다. 그럴 때는 차라리 태연하게 거짓을 말하라. 이것 역시 정당방위다. 사생활을 지키는 데 진실만 써야 할 의무는 없다. 물을 권리가 있는 사람만이 진실을 들을 자격이 있다. 나머지에게는 거짓말 한마디면 충분하다.

_도덕의 기초에 관하여

052

정보는 약점이다

매일 보는 사람이든 가끔 보는 사람이든 절대로 방심하지 마라. 당신을 알 수 있는 어떤 단서도 주지 마라. 옛날 일을 이야기할 때는 장소, 시간, 사람 이름 가운데 어떤 것도 말하지 마라. 사람들은 자기 일에는 무능하지만, 남의 일에는 천재다. 남의 일이라면 기상 예보자보다 정확하고 수학자보다 치밀하며 탐정보다 집요하다. 작은 단서 하나로도 모든 것을 추론하고, 무한히 상상하며 조각을 맞춰낸다.

인간은 진실에는 관심이 없지만 남의 사생활에는 끝없는 열정을 품는다. 모든 정보를 철저히 숨겨라. 직접 본 것 말고는 아무것도 알려주지 마라. 당신의 정보가 당신의 약점이다. 언젠가 그것이 당신의 목을 조를 것이다.

_ 여록과 보유

053
혼잣말이 모든 것을 떠벌린다

혼잣말하지 마라. 당신의 어떤 것도 공짜로 내어 주지 마라. 혼잣말은 당신의 생각, 태도를 그대로 드러낸다. 혼잣말을 습관으로 만들지 마라. 말이 곧 생각이 되어, 정보가 아무런 통제 없이 흘러나간다. 단서가 없으면 사람들은 당신을 절대 의심하지 못한다. 그러나 아주 작은 단서라도 얻는 순간, 그들은 당신의 인생을 모조리 파헤치고 샅샅이 약점을 찾아낸다.

혼잣말을 멈추고 침묵과 가까이하라. 입을 열지 않는 것이 가장 강력한 무기다. 아라비아 격언이 있다. "비밀이 입 밖에 나오는 순간, 내가 비밀의 인질이 된다."

_여록과 보유

054

코미디라고 생각하라

남의 의견에 반박하지 마라. 잘못을 바로잡으려 하지 마라. 남의 잘못을 바로 앞에서 고쳐주려 하지 마라. 인간의 자존심은 종이처럼 얇다. 한번 구겨지면 다시는 펼 수 없다.

황당한 이야기를 듣고 어처구니 없는 잘못을 보거든 지금 훌륭한 코미디를 한 편 보고 있다고 생각하라. 남을 바꿀 수 있다고 착각하지 마라. 당신만 피곤하고 상처받으며 망가진다. 속으로 웃고 넘어가라. 그것이 당신의 인생을 살리는 길이다.

_ 여록과 보유

055

남의 단점은 잊지 마라

인간을 따뜻한 눈으로 바라보지 마라. 감정적으로 동화되지도 말고, 이해하려고도 말라. 사랑도 미움도 품지 말라. 그 어떤 말도 믿지 말고 그 어떤 말도 하지 말라. 그저 관찰하라. 입을 꾹 닫고 상대의 행동을 관찰하고 기억하라.

특히 상대의 단점을 잊지 마라. 오래 가까이 지내거나 오랜만에 만나면 상대의 나쁜 점을 잊어버린다. 어렵게 번 돈을 길바닥에 내던지는 꼴이다. 파악한 단점으로 상대의 가치를 평가하고 당신의 태도를 조절하라. 가치 없는 사람에게 불필요한 신뢰나 우정을 주지 마라. 냉철한 관찰과 철저한 기억만이 당신을 보호할 수 있다.

_여록과 보유

056

가면이 벗겨지는 순간을 놓치지 마라

불편한 신발은 결국 벗어던지고, 잘 맞지 않는 옷은 언젠가 찢어버린다. 사람도 마찬가지다. 인간의 본성은 절대 변하지 않는다. 타고난 본성은 자연스럽고 편하지만, 학습한 행동은 어색하고 불편하다. 타고난 배우도 평생 가면을 쓰지는 못한다. 언젠가는 진짜 민낯을 드러낸다. 남의 성격을 바꾸려 하지 말고, 다만 주의 깊게 관찰하라. 작은 습관, 무심한 행동, 본능적인 반응을 주시하라. 그것이 그의 진짜 얼굴이다.

작은 신호라도 보이면 바로 관계를 끝내라. 타인의 추악한 본성을 모두 지켜보느라 당신의 소중한 인생을 낭비하지 말라.

_여록과 보유

057
울 줄 모르는 사람은 위험하다

눈물은 진실한 사람만이 흘릴 수 있다. 타인의 고통에 눈물 흘리는 사람은 남의 고통을 자신의 일처럼 느끼는 사람이다. 누군가를 돕고자 하는 마음과 함께, 마치 자신이 직접 아픈 것처럼 괴로움을 느끼기에 눈물이 흐르는 것이다. 깊은 사랑과 동정심, 따뜻한 상상력을 가진 사람이다.

죽은 이를 위해 눈물을 흘리는 사람도 마찬가지다. 오랜 병을 앓던 사람이 죽어서 겨우 고통에서 해방된 모습을 봐도 여전히 슬픔을 느낀다. 이런 운명이 나에게도 찾아올 수도 있음을 깨달아서, 또 인간 전체의 운명에 동정심을 품어서 운다. 이기적인 사람은 이런 눈물을 흘릴 수 없다. 울 줄 모르는 사람은 진정으로 사랑할 줄을 모르는 사람이다. 그런 사람을 곁에 두어서는 안 된다.

_ 의지와 표상으로서의 세계 4권

058

동물을 함부로 하는 사람은 그 본성이 빤히 드러난다

동물과 인간의 차이는 크지 않다. 조금 더 생각할 줄 안다는 것이다. 그 외엔 심리나 고통, 감정 등은 크게 다를 것이 없다. 동물도 남과 나를 구별하고, 자기 이익을 챙긴다. 인간과 다르지 않다. 그래서 인간은 동물에게도 동점심을 느낀다.

동물을 함부로 대하는 사람을 보면 멀리해야 한다. 화가 났다고, 술을 마셨다고 동물에게 이유 없이 화풀이 하는 사람은 언젠가 사람에게도 그렇게 한다. 동물을 대하는 태도를 보면 그 사람의 인격을 알 수 있다.

_도덕의 기초에 관하여

059
어려운 사람을 외면하는 이를 다시 보라

어려운 사람을 보고도 외면하는 사람은 엄밀히 비도덕적 인간이라고 부를 수는 없다. 도덕적인 인간은 그저 폭력을 저지르지 않고, 거짓말하지 않으며, 남에게 피해를 주지 않는 사람이다. 그러나 위급 상황을 보고도 외면하고, 풍족하게 살면서 눈앞에서 굶어 죽는 사람을 태연히 지나친다면, 조심하고 잘 살펴봐야 한다. 그가 당장 비도덕적이라고 할 수는 없다. 그러나 그런 이기적이고 냉혹한 인간은 기회만 있다면 반드시 사람을 배신하고 부정을 저지른다. 주변 사람들의 행동을 면밀히 살펴라. 그들이 타인을 대하는 태도에서 본성이 드러난다. 이를 유념해야 뜻밖의 배신을 피할 수 있다.

_ 의지와 표상으로서의 세계 4권

060
버릇이 곧 그 사람의 수준이다

발 떠는 사람과는 어울리지 마라. 식당에서 수저로 탁자를 두드리는 사람과도 절대 가까이 지내지 마라. 끊임없이 손가락으로 무언가를 두드리고 흔드는 사람과도 멀리하라. 이런 행동들은 그 사람의 내면이 텅 비어 있다는 명백한 신호다.

내면이 빈 사람은 고요함을 견디지 못한다. 고요는 사색을 부르고 사색은 반드시 내면을 마주하게 한다. 내면이 텅 빈 사람은 생각할 거리도, 생각할 능력도 없다. 그래서 이들은 불안해하며 끊임없이 소음을 만들어 낸다. 자꾸만 몸을 움직이고 작은 자극을 만들어 스스로 살아 있다는 느낌을 얻으려 한다.

내면이 빈 사람에게 인생을 낭비하지 마라. 빈 껍데기 같은 사람과 가까이 지내는 것은 당신의 인생마저 허공에 흩뿌리는 것과 같다. 버릇을 관찰하라. 사람의 품격과 수준은 사소한 행동에서 드러난다. 말은 꾸밀 수 있어도 버릇은 꾸밀 수 없다.

_여록과 보유

061

체형을 보면 성격을 안다

몸은 내면을 비추는 거울이다. 인간의 신체는 숨겨진 욕망과 본성을 그대로 드러낸다. 치아, 목구멍, 위장은 식욕을 나타내고 생식기는 성욕을 드러내며 손은 재주와 노력을 상징한다. 몸은 인간의 욕망과 밀접하다. 근육이 단단한 사람은 꾸준하며 자기관리를 잘할 것이다. 또는 신체적 능력에 대한 욕망이 강할 것이다. 반대로 살찌고 배가 나온 사람은 탐욕과 유혹에 쉽게 휩쓸릴 수 있다.

체형은 단순히 외모가 아니다. 인간의 본성을 드러내는 정직한 신호다. 사람을 알고 싶으면 체형을 주의 깊게 살펴보라.

_ 의지와 표상으로서의 세계 2권

/   /

062
자식은 부모에게 의무가 없다

세상의 모든 의무는 서로의 동의와 대가 위에 세워진다. 원했기 때문에 계약을 하고, 계약을 했기에 의무와 책임이 생긴다. 그러나 오직 부모의 의무만은 다르다. 이것은 합의도 계약도 없이 생긴다. 아이는 이 세상에 태어나기를 스스로 선택하지 않았다. 오직 부모의 행동으로 인해 아이는 세상에 존재하게 되었고 그 행동이 곧 책임을 만들어 냈다. 자식은 부모에게 감사할 수 있다. 그러나 감사하지 않는다고 죄는 아니다. 부모의 책임은 선택이 아니라, 행동한 결과이기 때문이다. 부모의 의무란 조건 없이 존재하는 유일한 책임이다.

_도덕의 기초에 관하여

063
인간은 절대 고쳐 쓸 수 없다

인간관계에서 스트레스를 받는 사람들은 똑같이 말한다. "그 사람이 이것만이라도 좀 고쳤으면……." 헛된 기대를 버려라. 인간은 고쳐 쓸 수 없다. 비열하면 비열한 채로, 한심하면 한심한 채로 산다. 그는 결코 바뀌지 않는다. 마음에 들지 않는 사람이라고 해서 그를 세상에서 없앨 수도 없다. 있는 그대로의 모습을 받아들여라. 당신도 당신의 삶을 살고, 그도 그의 삶을 살게 하라.

인정해야 이용해 먹는다. 돌멩이에게 화를 내봤자 결국 내 발만 아프다. 돌멩이는 돌멩이대로 쓸모가 있다. 주변 사람을 길바닥의 돌멩이처럼 대하라. 분노하지 말고, 바꾸려 들지 말고, 고쳐 쓰려 하지 마라. 그저 필요한 만큼, 용도에 맞게 써라.

_ 여록과 보유

4장
습관과 성공

064
지금 바로 움직여라

게으름은 사람을 썩게 한다. 권태를 참지 못한 인간이 갈 길은 음모, 험담, 도박, 싸움뿐이다. 살아 있음을 느끼려면 움직여야 한다.
일이든, 공부든, 창작이든, 놀이든 의미 있는 바쁜 생활을 해야 한다. 뭔가에 몰두하지 않으면 권태가 사람을 집어삼킨다.
부지런한 사람은 두 배로 인생을 산다. 삶이라는 무대 위의 배우가 되어 인생을 살고, 동시에 관객처럼 자신을 분석하고 반성한다.
도박과 험담으로 삶을 채울 것인지, 두 배로 풍성한 삶을 살 것인지. 결정은 지금 당신이 움직이느냐 마느냐에 달렸다. 아리스토텔레스는 이렇게 말했다. "삶이란 움직임이다."

_여록과 보유

065
일기는 스승이다

일기를 쓰지 않는다면 당신의 인생은 아무것도 남지 않는다. 스스로를 기록하지 않는 사람과는 제대로 대화할 수 없다. 경험 그 자체로는 아무것도 바뀌지 않는다. 사람을 바꾸는 것은 오로지 반성뿐이다. 세월은 모든 것을 지운다. 경험도 감정도 기억도 모두 사라진다. 반성이 없다면 아무것도 경험하지 않은 것이다. 기록하지 않는 사람은 평생 갓난아기다. 내가 무엇을 하고 있는지, 내 행동이 어떤 의미인지도 모른다. 자기 마음과 생각이 무엇인지 모르고 자기 자신과 깊은 대화를 나눌 수도 없다.

끊임없이 자신을 돌아보고 기록하라. 무엇을 얻었는지, 무엇을 놓쳤는지 똑똑히 바라보라. 경험은 그제야 교훈이 되고, 과거는 비로소 오늘을 위한 지혜가 된다. 당신 삶의 가장 좋은 스승은 바로 당신이다. 기록하지 않으면 그 스승은 결코 만날 수 없다.

_여록과 보유

066

거울을 볼 줄 모르는 사람은 추악하다

남과 자신이 다르다고 믿지 마라. 타인이 추잡하고 비열해 보인다면, 당신 역시 추잡하고 비열한 것이다. 자신만은 깨끗하다고 확신할 수 있는가? 당신은 누구보다 더 비열하고 더러운 사람이다. 타인은 나를 비추는 가장 정직한 거울이다. 남의 추한 모습을 주의 깊게 관찰하라. 그것이 바로 당신의 진짜 얼굴이다.

타인을 마음속으로 더욱 날카롭고 냉정하게 비판하라. 남에게 엄격한 사람만이 자신에게도 엄격할 수 있다. 타인에게 관대한 사람은 자기 자신에게도 결국 관대하다. 매사를 어설프게 덮어 두려 하지 마라. 타인을 향해 날카로운 칼날을 세워라. 그래야만 당신 자신 또한 변화할 수 있다.

_ 여록과 보유

067

다른 누가 아닌 내가 되어라

타인을 따르는 어리석은 자는 결코 성공할 수 없다. 인간은 저마다 처한 상황과 타고난 본성이 다르다. 상황이 다르면 해야 할 일이 다르고 성격이 다르면 삶을 살아가는 방법이 다를 수밖에 없다. 아무리 타인을 똑같이 흉내 내고 모방하려 해도 헛된 노력에 불과하다. 모든 인생에는 각자의 고유한 방식과 독창성이 필요하다. 당신은 결코 다른 사람이 될 수 없고 그렇게 되어야 할 이유도 없다. 모든 자물쇠를 같은 열쇠로 열 수 있는가? 모든 사람의 발에 같은 크기의 신발이 맞겠는가? 타인을 무작정 따르는 자는 자신을 잃고 평생 누구도 되지 못한 채 살아가게 될 것이다.

_ 여록과 보유

068
매일 운동하면 일찍 죽는다

매일 운동하지 않는 사람은 게으르지만 몸이 보내는 신호를 무시하고 운동하는 사람은 어리석다. 컨디션이 좋을 때는 철저히 몸을 단련하라. 외부 자극에 무너지지 않도록 강력한 육체를 만들라. 몸이 무너지면 모든 것이 함께 무너진다. 하지만 몸이 아프고 피곤한데도 운동을 강행한다면 그것은 강박이고 자기 파괴다. 몸이 보내는 절박한 경고를 무시하는 자기 폭력이다. 자기 몸과의 싸움은 반드시 패배로 끝난다.

건강한 육체는 강박에서 벗어나 몸의 소리를 정확히 들어야 얻을 수 있다. 자신의 몸과 싸워 이길 수 있는 사람은 없다.

_ 여록과 보유

069

근육은 몰아붙일수록 살아나지만 신경은 몰아붙일수록 죽어간다

근육은 괴롭힐수록 강해진다. 그러나 신경은 괴롭히면 망가진다.
뇌를 혹사하지 마라. 무리하게 뇌를 밀어붙일 때마다 당신의
생명력은 조금씩 깎여 나간다. 어떤 고귀한 목표도 과로 앞에서는
의미가 없다. 식사 직후, 격렬한 운동 직후에는 쉬어야 한다. 몸의
피로는 결국 뇌의 비명이다. 몸은 결국 뇌가 통제하는 것이다. 신체
운동과 정신노동을 동시에 한다는 것은 뇌를 두 번 죽이는 짓이다.
뇌가 무너지면 당신도 무너진다. 단, 유일한 예외는 산책이다.
가벼운 산책은 정신노동과 함께해도 좋다.
뇌를 학대하면 대가를 치른다. 명심하라. 신경은 결코 근육이
아니다.

_ 여록과 보유

070
잠을 줄이면 생명도 줄어든다

잠을 줄여 성공했다는 어리석은 자들의 허세에 귀를 기울이지 마라. 인생에서 절대로 줄이면 안 되는 것이 바로 잠이다. 기계는 충전해야 움직이고, 인간은 잠을 자야 활동한다. 정신은 무한히 작동하지 않는다. 눈을 혹사하면 시력을 잃고, 뇌를 혹사하면 생각이 멈춘다. 천재나 시인, 뛰어난 학자를 보라. 뇌를 혹사하다 어느 날 갑자기 지성이 사라지고 만다.

우리는 낮 동안 죽음에게 생명을 빌려 쓴다. 밤에 충분한 잠으로 이자를 갚지 않으면 파산한다. 죽음에게 매일 넉넉히, 규칙적으로 이자를 지불하라. 이자를 충실히 낼수록 생명의 만기는 더 멀어진다. 생각하는 힘이 필요 없다면 잠을 줄여라. 당신의 지성이 너무 뛰어나 부담스럽다면, 조금이라도 더 어리석어지고 싶다면 계속 잠을 줄여라. 인생 전체를 통째로 낭비할 완벽한 방법이 될 것이다.

_ 여록과 보유

071
노력은 운명을 이기지 못한다

자신의 능력 덕분에 성공했다고 믿지 마라. 능력 부족 탓에 실패했다고도 생각하지 마라. 인생은 넓고 거친 바다 위를 항해하는 것과 같다. 배의 선장이 아무리 뛰어나도 그의 능력이 바다를 통제할 수 있는가? 거친 파도와 예측할 수 없는 바람 앞에서 배의 키와 돛은 무력하기 짝이 없다.

오랫동안 올바른 방향으로 항해해도 한 번의 거센 폭풍우로 모든 노력이 헛되이 사라질 수 있다. 반대로 계속해서 방향을 잘못 잡아왔어도 단 한 번의 순풍이 불면 목적지에 도착할 수 있다.

운명 앞에 우연은 가장 자비롭기도 하며 때로는 가장 잔혹하기도 하다. 노력은 결코 운명을 바꾸지 못한다. 노력은 당신이 부여받은 운명을 조금 더 잘 활용하기 위한 수단일 뿐이다. 자만하지 말고 자책하지도 마라. 당신이 할 수 있는 최선은 그저 지금 주어진 항로 위에서 끝까지 키를 놓지 않는 것이다.

_여록과 보유

072
기다림이 나을 때가 있다

변화를 기다리는 사람은 현명하고, 당장 뛰어드는 사람은 어리석다. 조급함은 곧 운명과 싸우는 것이다. 시간은 고약한 빚쟁이이며 잔인한 거짓말쟁이다. 잠시 운명을 이겨낸 듯해도, 시간은 더 혹독한 이자를 들고 다시 찾아온다. 몸이 아플 때 서둘러 자리에서 일어나려 하지 마라. 잠깐의 성급함 때문에 평생 건강을 잃는다. 젊을 때 지나치게 일하지 마라. 남은 인생의 에너지를 미리 써 버리는 꼴이다. 순간의 쾌락이나 허영을 위해 무리하게 빚을 지지 마라. 한때의 기쁨이 평생을 갉아먹는 빚이 된다. 미래를 예측하되, 섣불리 행동하지 마라. 시간에게 빚을 지지 않는 방법은 기다림뿐이다. 조급한 사람은 반드시 그 값을 치른다.

_여록과 보유

073

인생은 전쟁이다

삶은 끝없는 전투이고, 매 걸음이 결투다. 운명이 당신을 공격하고 불행이 당신을 덮친다. 어떤 불행도 당신의 낯빛을 바꿀 수 없게 하라. 작은 위협에 겁먹고 주저앉지 마라. 불안과 공포가 당신을 지배하도록 놔두지 마라. 눈을 크게 뜨고 앞을 바라보라. 불행이 다가올수록 더 크게 용기를 내라. 결과가 보이지 않고 아직 한 가닥의 희망이 남아 있다면 싸워야 한다. 전력을 다해 저항하라. 살아남기 위해 맞서는 것이야말로 삶의 유일한 법칙이다.
항복은 없다.

_ 여록과 보유

074
한번 쥔 돈은 놓지 마라

능력을 과신하지 마라. 특별하다고 착각하지 마라. 네가 뛰어난 줄 착각하지 마라. 당신의 능력은 금방 바닥난다. 사람들을 믿지 마라. 그들이 당신을 찾는 것은 지금 잠깐이다. 인기도 수입도 한순간이다. 재능은 무기가 아니다. 진짜 무기는 돈이다. 당신의 재능으로 얻은, 지금 손에 쥔 돈이다. 재능을 믿고 돈을 소홀히 하면 모든 게 끝이다. 빈 주머니에 익숙해지지 마라. 부자들이 왜 더 악착같이 원금을 지키고 이자를 쌓는지 생각하라. 그들은 돈의 무서움을 뼛속 깊이 안다.

명심하라. 재능으로 얻은 성공에는 반드시 끝이 온다. 끝까지 당신을 지킬 수 있는 것은 오직 돈뿐이다.

_ 여록과 보유

075

어제의 나를 비웃지 마라

어제를 비웃는 자는 내일을 잃는다. 어제보다 나아졌다고 믿으며, 젊은 날의 자신을 가볍게 깔보며 비웃는다. 그러나 이런 비웃음은 자만일 뿐이다.

우리는 여전히 계속해서 과거를 비웃는다. 삶은 연속적이고, 어제와 오늘 그리고 내일은 단단히 이어져 있다. 과거를 부정하면 지금의 삶과도 멀어질 수밖에 없다. 인간은 실수와 허물을 바탕으로 성장한다. 그러니 나의 어제를 조롱하고 오늘의 나를 추켜세우지 말라. 젊음을 비방하고 늙음을 찬양하지 말라. 실수 없는 성장은 없고, 젊지 않았던 늙음도 없다.

_ 여록과 보유

076

올바른 후회란

"내가 왜 그것을 바랐을까?" 질문부터 잘못됐다. 세상은 모든 것이 당신의 자유로운 선택이라고 말한다. 그러나 이는 착각이다. 당신이 원한 것은 이미 정해져 있었다. 당신은 실은 자유롭지 않다. 그저 세상이 정해 둔 대로, 거대한 세계의 힘이 정해 둔 대로 욕망을 따랐을 뿐이다. 올바른 후회는 질문부터 다르다. "다른 방법은 없었을까?" 욕망 자체를 후회하지 말고, 그것을 실현했던 방식을 냉정히 돌아보라. 후회의 순간마저 자신을 속이지 마라. '내가 좀 성급했지'라는 자기 위안이 다음 실수를 부른다. 당신은 이미 충분히 생각했고, 그때의 당신은 그것이 최선이라 믿고 결정했다. 인간은 자신에게 아첨하는 천재다. 정직하게 후회해야 같은 후회를 반복하지 않는다.

_ 의지와 표상으로서의 세계 4권

077

욕망을 건드려라

사람을 움직이려면 절대 하지 말아야 하는 것이 있다. 사람들의 말을 곧이곧대로 믿는 것이다. 그러면 누구도 움직이게 할 수 없다. 민주주의, 기후 위기 같은 거창한 단어를 믿지 마라. 사람들은 이런 말 뒤에 자기 욕망을 감추고 있을 뿐이다. "이게 나에게 무슨 이익이지?" "이걸로 내 삶이 나아질까?" 이 질문이 진짜다. 인간은 오직 자기 문제에만 철저히 집착한다. 진실이든 진리든, 자기 삶에 득이 없으면 믿지 않는다. 지구가 어떻게 되든 자기 일이 아니면 눈 하나 깜빡하지 않는다. 사주와 점성술이 허무맹랑한 미신이라 해도 여전히 번성하는 이유가 바로 이것이다. 우주마저도 억지로 자기 인생과 엮으려는 것이 인간이다. 인간을 움직이고 싶다면 그들의 가면 아래를 직시하라. 욕망을 자극하지 못하면 누구도 움직일 수 없다.

_여록과 보유

078
일상의 경고를 붙잡아라

살면서 일상 속에서 문득 소름이 돋고 전율할 때가 있다. 이 순간을 무시하지 마라. 바로 당신이 믿고 있던 사고방식으로는 모든 것을 알 수 없다는 신호이며, 자신을 돌아보아야만 한다는 신호다. 인간은 늘 이기적이며 합리적인 존재로 살아가지만, 이 세상은 그런 좁은 시야로는 결코 이해할 수 없다. 인간과 동물, 식물과 무생물까지 모두가 거대한 세계의 힘으로 이어져 있다.

내가 믿는 것이 유일한 진실이라고 착각하면 안 된다. 일상 속의 전율이 찾아왔다면 멈춰서 자신을 돌아보라. 좁은 관점에서 벗어나 더 큰 진실을 바라볼 용기를 가져라.

_ 의지와 표상으로서의 세계 4권

079

성격은 타고난다

비겁한 사람이 하루아침에 선량한 사람이 되는 것은 불가능하다.
납을 금으로 바꾸겠다는 허무한 연금술과 다르지 않다. 환상에
불과하다. 교도소조차 이 진실을 알고 있다. 그들은 범죄자의 본성을
선하게 만들려 하지 않는다. 다만 선하게 사는 것이 더 편하고
이익이라는 사실을 깨닫게 할 뿐이다.
교육이나 훈계로 인간의 이기적이고 악한 본성을 바꿀 수 있다고
믿지 마라. 도덕성은 지능이나 체력처럼 타고나는 것이다. 모든
사람이 선해질 수 있다고 믿는 그 어리석은 믿음이야말로 세상을 더
혼란스럽게 만든다.
성격은 결코 고쳐 쓸 수 있는 것이 아니다. 다만 적절히 관리할
뿐이다.

_ 도덕의 기초에 관하여

080

인간은 두 개의 삶을 산다

모든 인간은 두 가지 삶을 동시에 산다. 하나는 눈앞에 펼쳐진 현실의 삶이고, 다른 하나는 머릿속에서 살아가는 내면의 삶이다. 동물은 오직 눈앞의 현실만을 산다. 그들은 거친 파도를 따라 흘러갈 뿐이다. 그러나 인간은 나침반을 들고 있는 선장이다. 인간은 지도를 보며 항로를 정하고, 먼 곳을 내다보며 자신의 삶 전체를 이해하고 통제하려 한다.

인간은 현실의 파도 위에서 끊임없이 투쟁하면서도, 동시에 자기 삶에서 한 걸음 물러나 멀리서 자신을 바라볼 수 있는 존재다. 삶의 무대 위에서 연기하는 배우가 되면서 동시에 객석의 관객이 될 수도 있다. 이것이 인간이 가진 특별한 힘이다.

눈앞의 현실에만 붙들리지 마라. 머릿속의 삶을 잊지 마라. 이 두 가지 삶을 모두 살아갈 수 있을 때, 비로소 당신은 온전하고 제대로 된 삶을 살고 있는 것이다.

_ 의지와 표상으로서의 세계 1권

081
자신을 모르면 인생이 헛되다

당신은 실은 당신이 누군지 잘 모른다. 남의 속은 겪어봐야 알듯이, 당신도 당신이 겪어봐야 알 수 있다. '나는 원래는 이런 사람이야', '남들이 내가 이렇다던데' 하는 말로 자신을 속이지 마라. 당신이 내렸던 결정들, 당신이 했던 행동들, 이것이 바로 진짜 당신이다. 나 자신에게 관심을 기울이지 않으면 평생 자신을 오해하고, 자신을 다루는 방법을 모른다. 매일 자신을 돌이켜보라. 남의 말이나 막연한 느낌을 믿지 마라. 당신은 생각보다 더 괜찮을 수도, 더 형편없을 수도 있다.

_의지와 표상으로서의 세계 4권

082

따라하지 마라

인생이 일직선을 그리며 나아가지 않고, 자꾸 헤매는 것 같이 느낀다면 당장 스스로를 되돌아보아야 한다. 유독 자주 망설이고, 옆길로 빠지고, 뒷걸음치고, 후회하고 고통스러워한다면, 그 책임은 오직 당신에게 있다. 인생이 흔들리고 방향을 잃는 이유는 단 하나다.

바로 자신을 모르기 때문이다. 세상 돌아가는 이치는 훤히 알아도, 정작 자신이 누구인지, 자신이 무엇을 원하는지, 자신이 무엇을 잘하는지 제대로 모른다. 남들이 무엇을 하고, 인간이 무엇을 얼마나 많은 일을 할 수 있는지 빠삭하게 꿰고 있지만, 단 하나 자기 자신에 대해서는 무지하다.

남들의 성공은 남들에게만 맞다. 자신만의 길을 찾기 위해선, 자신부터 제대로 알아야 한다. 남을 따라 한다는 것은 스스로가 무가치하다고 인정하는 것이다. 이보다 더 굴욕적인 삶은 없다.

_ 의지와 표상으로서의 세계 4권

5장
이기심과 도덕

083
한 사람이 세상 모두를 멸망시킨다

인간의 이기심은 생각보다 더 무섭고 강력하다. 인간의 이기심을 얕보지 마라. 인간은 광활한 세계 안의 아주 작은 존재에 불과하다. 마치 거대한 바다에 떨어진 미세한 물방울과 같다. 그러나 인간은 철저히 자신만을 중심으로 생각하고 행동한다. 아주 약간의 안락함을 위해서라면 자연도 타인도 망설임 없이 희생시킨다. 환경 파괴가 아무리 심각해 보여도 당장의 내 삶이 안전하다면 눈 하나 깜빡하지 않는다.

인간관계에서도 마찬가지다. 아는 사람의 죽음이라도 자신과 크게 가깝지 않다면 인간은 무관심하다. 그러나 자신의 죽음을 앞두고서는 세계가 끝장난 듯 절망한다. 인간의 본질은 언제나 이기심이다. 항상 명심하고 조심해야만 한다.

_ 의지와 표상으로서의 세계 4권

084
이기심에는 대가가 따른다

이기심 때문에 근본을 부정하지 마라. 인간은 본능적으로 자신만을 중심으로 사고하며 철저히 이기적이다. 그러나 남을 해치고 짓밟는 순간, 반드시 어떤 감정이 되돌아온다. 피해자는 육체의 고통이나 재산의 손실보다 더한 분노와 치욕을 느낀다. 가해자는 막연한 불안과 두려움에 떨게 된다. 이것이 바로 '양심의 가책'이다. 인간은 모두 같은 근원에서 비롯되었다. 남을 공격하고 상처를 입히면 결국 자신의 뿌리를 부정하고 스스로 찢어 버리는 것과 같다. 당신은 이미 알고 있다. 다른 사람을 해치는 것은 결국 자신을 파괴하는 행위라는 것을 말이다.

양심의 가책은 당신이 근본을 부정한 대가다. 그것은 당신이 서서히 무너지고 있다는 명백한 증거다.

_ 의지와 표상으로서의 세계 4권

085

남에 대한 잘못된 침범은 살인과도 같다

사람을 죽이는 것만이 죄라고 착각하지 마라. 남의 몸에 작은 상처 하나라도 내는 순간, 이미 살인자의 길을 걷는 것이다. 남을 괴롭히고, 자유를 빼앗고 노예처럼 부리는 행위도 본질적으로는 살인과 같다. 타인의 소유를 침해하는 것도 마찬가지다. 재산은 단순한 물건이 아니라 그 사람의 땀과 노력이다. 남의 물건에 손을 대는 순간, 그의 삶을 짓밟고 자유를 빼앗는 것이다. 인간의 소유는 노력의 성과다. 남의 노력을 훔치는 것은 그 사람 자체를 훼손하고 멸시하는 행위다.

도둑질 하나도 가볍게 생각하지 마라. 남의 노력과 자유를 훼손하는 것은 모두 살인과 마찬가지다. 남을 존중하지 않으면 자신도 존중받지 못한다.

_ 의지와 표상으로서의 세계 4권

086
소유는 노력이다

아무 노력 없이 소유권을 주장하는 사람은 강도나 마찬가지다. 단지 먼저 발견해서 먼저 선점하고 있다고 해서 자신의 소유물로 착각해서는 안 된다. 100년 동안 같은 지역에서 물고기를 낚고 있다고 해도, 물고기를 더 잘 잡고 더 많은 물고기를 번식시키기 위해 노력하지 않았다면 어떤 권리도 주장해서는 안 된다. 노력 없는 독점은 강탈과 마찬가지다.

소유권이 보호받아야 하는 이유는 오로지 '노력' 때문이다. 노력으로 얻은 물건은 단순한 사물이 아니며, 그 사람의 땀과 피, 즉 육체와도 같다. 노력이 없는데 어떻게 남을 설득할 것이며, 남들이 침범했을 때 불안한 마음이 생길 것인가. 노력이 없다면 소유권도 없다. 노력 없이 물건을 탐해서는 안 된다.

_ 의지와 표상으로서의 세계 4권

087
과장도 거짓말이다

폭력이 물리적으로 타인을 침해한다면, 거짓말은 정신적으로 남을 침범하고 조종한다. 거짓말은 남의 동기를 부정하고 자신만을 긍정하려는 행동이다. 누군가를 속여 자신의 이익을 챙기는 거짓말이나 남의 고생을 즐기려는 거짓말은 명백한 거짓말이다. 그런데 호언장담 역시도 거짓말이다. 별것 아닌 자신의 능력을 과장해 남의 존경과 인정을 얻는다면, 이것을 재산으로 삼아서 다른 사람의 판단, 동기, 행동에까지 영향을 미칠 수 있게 되기 때문이다. 사소한 과장도 가볍게 여기지 마라. 당신은 상대를 조종하고 있는 것이다. 자신의 능력으로 인정받지 못하고 거짓말로 조종하려 하는 것은 결국 자신과 타인 모두를 모욕하는 일이다.

_ 의지와 표상으로서의 세계 4권

088

거짓말은 폭력보다 나쁘다

폭력은 나쁘지만 솔직하다. 신체를 가진 인간은 누구나 힘을 동경한다. 폭력을 저지르는 사람은 힘을 드러내 정면으로 상대를 공격한다. 그래서 사람들은 폭력을 혐오하면서도 가해자의 강함을 은근히 부러워한다. 거짓말쟁이는 훨씬 악랄하고 비겁하다. 거짓말쟁이는 자신의 약함을 숨기고 남을 속이며 조종한다. 직접 상대와 맞서는 대신, 남의 약점을 교묘히 파고들어 평판을 떨어뜨리며 혐오와 멸시를 퍼뜨린다. 거짓말을 퍼뜨리면서도 겉으로는 남을 거짓말쟁이로 내몰고, 거짓말이 가장 나쁜 짓이라고 떠들며 신뢰할 만한 사람인 척 연기한다.

거짓말쟁이가 승리할 수도 있다. 그러나 기억하라. 그는 비겁하고 부끄러운 승리자일 뿐이다.

_의지와 표상으로서의 세계 4권

089

거짓말이 사회를 파괴한다

거짓말쟁이는 인간 사이에 남은 마지막 믿음마저 무참히 짓밟는다. 인간은 본래 이기적이며, '양심'이라는 아주 얇은 끈으로 간신히 서로를 붙들고 살아갈 뿐이다. 거짓말쟁이는 인간 사이의 이 유대를 비웃고 이용하고, 결국 끊어버린다. 교묘한 거짓말 하나가 믿음을 무너뜨리고 의심의 늪으로 인간을 몰아넣는다. 믿음을 잃은 인간들은 억눌려 있던 이기심을 풀어내 서로를 집어삼킨다.
거짓은 이 사회를 흔드는 가장 나쁜 악이다. 거짓을 용서한다면 당신도 이 악의 공범이다.

_ 의지와 표상으로서의 세계 4권

090
정당방위

필요할 때는 주저 말고 단호히 대응하라. 상대의 불의에 같은 방식으로 맞설 줄 알아야 한다. 인간은 누구나 자신의 생명과 자유를 지키기 위해 저항할 권리가 있다. 경계를 넘어 당신의 존재 자체를 위협할 때는 주저 없이 맞설 줄 알아야 한다. 폭력에는 폭력으로 대응할 수 있어야 한다. 비도덕에 맞서는 당신의 저항은 비도덕이 아니라 도덕이다. 침묵과 순종은 비겁함일 뿐이다. 폭력에 대응하면서 상대를 해치게 된다고 해도, 어쩔 수 없이 죽음으로 이어진다고 해도, 책임은 나를 침범한 사람에게 있다.

자신의 삶과 영역을 지키는 것을 두려워하지 말라. 비도덕에 비도덕으로 대응하는 것이 오히려 도덕이다.

_ 의지와 표상으로서의 세계 4권

091

거짓에는 거짓으로

폭력에 폭력으로 맞서는 것이 정당한 것처럼, 폭력이나 거짓말에는 거짓말로 맞서는 것이 정당한 도덕이다. 강도를 만났으면 돈이 없다고 거짓말해야 하고, 납치되었다면 폭력뿐 아니라 속임수와 거짓말로 그들을 죽일 권리도 있다. 폭력과 협박으로 강요당한 약속은 애초에 지킬 필요가 없다. 빼앗긴 권리를 되찾기 위한 거짓말에 죄책감을 느끼지 마라. 상대를 죽여서라도 권리를 되찾아야 하는데, 거짓말쯤이야 당연한 자기 방어다. 오히려 상대의 부도덕에 굴복하는 것이야말로 정말 부끄러워해야 할 일이다. 자신을 지키기 위한 거짓말을 두려워하지 말라.

_ 의지와 표상으로서의 세계 4권

092

법은 차갑다

법이 항상 당신의 편일 것이라고 믿지 마라. 법은 인간의 철저한 이기심과 계산으로 만들어진 차가운 시스템일 뿐이다. 도둑 한 명이 지갑을 훔치면 도둑의 이익과 쾌락보다 지갑을 잃어 갈 곳을 모르는 피해자의 고통이 훨씬 더 크다. 도둑 한 명이 활개 치면 수많은 피해자가 나온다. 사회는 이 도둑을 가차 없이 잘라내기로 결심한다. 공동체는 가해자를 통제해 모두의 고통을 줄이려 하고, 그래서 법이 탄생했다.

공동체 전체의 이익을 거스른다면 법은 당신에게 더없이 차가워진다. 당신이 법의 차가움에 상처받았다면 억울해 말고 스스로 움직여라. 당신을 지키는 것은 오직 당신뿐이다.

_ 의지와 표상으로서의 세계 4권

093

법이 도덕이라는 착각

법은 당신을 좋은 사람으로 만들어 주지 않는다. 법은 그저 나쁜 인간이 나쁜 짓을 하지 못하도록 막을 뿐이다. 법은 가해자의 마음과 동기에는 관심이 없고, 오로지 피해자가 당한 행동과 피해만을 본다. 도덕은 다르다. 도덕은 인간이 마음속에 품은 악의까지 잡아낸다. 거짓말하기로 마음먹은 순간 이미 나쁜 인간이다. 그러나 법은 행동으로 나타나지 않으면 아무런 처벌도 하지 않는다. 법은 그저 벌로 위협해 나쁜 행동을 억누를 뿐이다. 법이 말하는 의도란 그저 드러난 행동을 해석하는 도구일 뿐이다.

도덕을 버리고 법에만 기대어 살지 마라. 당신은 그저 행동하지 못하는 소극적 악인에 불과하게 된다.

_ 의지와 표상으로서의 세계 4권

094

법은 인간을 바꾸지 못한다

법률의 정의가 완벽하게 지켜진다고 세상이 좋아질 것이라는 착각을 버려라. 법이 제대로 작동하면 사람들은 그저 나쁜 짓을 하지 않게 될 뿐이다. 맹수에게 입마개를 씌운다고 해서 본성이 온화해지지는 않는다. 그저 물지 못할 뿐이다. 법이 하는 일은 여기까지다.
법은 사람의 마음을 바꾸지 못한다. 법으로는 약자를 돕거나 따뜻한 배려와 진정한 선의를 베푸는 사람이 늘어나지 않는다.
법은 소극적이고 수동적인 인간을 양산할 뿐이다. 사랑과 배려는 능동적이고 자발적인 마음에서 나온다.
진정한 유토피아는 사람의 마음에서 출발한다. 변화를 원한다면 스스로 작은 선의를 실천하라.

_ 의지와 표상으로서의 세계 4권

/   /

095
법은 최소한의 기준이다

'그래서 내가 법을 어겼어?' 법을 기준으로만 옳고 그름을 따지는 사람은 절대 도덕적인 사람이 아니다. 그것은 양심 없는 인간의 논리다. 이웃에게 눈웃음을 보인다고 해서 이웃을 사랑하는 사람은 아니다. 그 친절은 이기심에서 나온 것에 불과하고, 표면적으로만 이기주의를 극복한 것에 지나지 않는다. 법을 지키는 일도 마찬가지다.

법은 최소한이다. 오직 이 최소한의 기준에만 맞추어 살아가는 사람은 도덕적 공허에 빠진 인간이다. 이런 사람을 절대 가까이하지 마라. 언제든 합법적으로 당신을 망가뜨릴 수 있는 인간이다.

_도덕의 기초에 관하여

096
형벌은 미래를 지킨다

범죄자에게 내려진 처벌이 가볍다고 분노하고, 더 강한 복수를 원해서는 안 된다. 복수는 과거의 아픔을 되갚으려는 충동이다. 그러나 법은 복수를 위한 도구가 아니다. 법은 과거에 집착하기 위해서가 아니라, 공동체의 미래를 지키기 위해 존재한다. 형벌은 범죄자를 괴롭히고 고통을 주려는 것이 아니다. 형벌은 범죄가 다시 일어나지 않도록 경고하고 위협하며 예방하려는 장치다. 개인의 복수심이 법을 흔들게 해서는 안 된다. 복수의 악순환은 정의를 가져올 수 없다. 법률은 감정의 해소 장치가 아니라 이성을 통한 사회의 보호 장치다.

명심하라. 정당방위가 아닌 경우 어떤 경우에도 악행을 악행으로 갚아서는 안 된다. 과거에 사로잡히지 말고 미래를 지켜야 한다.

_ 의지와 표상으로서의 세계 4권

097
여론은 잔인하지만 정확하다

명성에 집착하는 순간, 이미 여론의 감시 아래 있다. 단 한 번의 실수도 여론은 용서하지 않는다. 여론은 작은 잘못도 기억하고 평생 낙인을 찍어, 죽을 때까지 지워 주지 않는다. 잔인해 보이지만, 여론은 실은 정확하다.

인간은 쉽게 변하지 않는다. 한번 잘못을 저지른 사람은, 같은 상황이 오면 같은 짓을 한다. 그래서 여론이 존재해야 한다. 여론이 없다면, 사람은 자기 소유를 지키는 데에도 애를 먹는다. 여론은 사람을 망칠 수도 있지만, 동시에 사회의 마지막 파수꾼이기도 하다.

_도덕의 기초에 관하여

098
의인의 복수는 인류 최후의 양심이다

개인의 복수는 원한과 증오에서 출발하지만, 의인의 복수는 전혀 다른 차원이다. 거리에서 무자비하게 폭행당하는 사람을 보면, 무관한 사람조차 목숨을 걸고 분노하며 싸운다. 이것이 의인의 분노다. 법이 제대로 처벌하지 못하는 악인들, 탐욕으로 민중을 착취하는 독재자, 정의를 짓밟는 폭군을 응징하는 사람들도 마찬가지다. 이들은 자기들도 모르게, 자신 개인의 감정 때문만이 아니라 인간 사회 전체를 위한 경고와 위협으로 행동에 나선 것이다. 그들은 스스로를 희생하면서까지 인류에게 '이런 악행은 결코 용납되지 않는다' 하고 선언하는 것이다.
이들의 행동과 희생은 숭고하며 위대하다. 그러나 개인의 복수와 섣불리 혼동하지 말아야 한다. 법과 정의가 무너져 작동할 수 없을 때 작동하는 인류 최후의 양심이다.

_ 의지와 표상으로서의 세계 4권

099
악인은 얼굴부터 다르다

처음 만난 사람의 얼굴을 주의 깊게 관찰하라. 악인의 얼굴은 평범한 사람과는 다르다. 그들의 얼굴은 늘 무언가에 쫓기는 듯 초조하고 불행하며 일그러져 있다. 끝없는 마음의 고통이 얼굴에 드러나기 때문이다. 평범한 사람은 원하는 일을 해내지 못했을 때 괴로워한다. 그러나 악인의 고통은 한 술 더 뜬다. 악인은 자신에게 이익이 되지 않아도 남의 고통을 즐긴다. 남의 불행은 수단이 아니라 그 자체로 목적이다. 악인은 남의 고통에서 위안을 얻고 만족감을 느낀다. 낯선 이를 만나거든 얼굴을 놓치지 마라. 악인의 얼굴은 이미 스스로 만든 지옥을 생생히 보여 주고 있다.

_ 의지와 표상으로서의 세계 4권

100
악인이 되는 길은 쉽다

남과 나를 자꾸 비교하는 사람은, 이미 악인이 될 준비가 끝난 사람이다. 인간은 만족을 모르고 끝없이 허기에 시달린다. 밥을 먹어도 금방 다시 배가 고파지는 것처럼, 본질적인 결핍을 채우지 못하면 삶은 끝없이 고통스럽다. 이때 자신보다 못한 사람을 찾아 비교하면 잠시 고통에서 벗어난다. 이 달콤한 비교는 중독성이 강한 마약이다. 한번 중독되면 더 강력한 자극을 찾아 결국 직접 타인을 괴롭히게 된다. 남을 험담하고 궁지에 몰아넣는다. 남이 괴로워하는 모습을 지켜보며 자신의 고통을 잊고, 자신이 강하다고 착각한다. 이런 식으로 자신도 모르게 악인이 되어 간다.

악인이 되는 길은 너무도 쉽고 누구나 빠질 수 있다. 자신의 고통을 덜기 위해 타인을 이용하지 마라. 한번 발을 들이면 영원히 빠져나오지 못한다.

_의지와 표상으로서의 세계 4권

101
강의나 설교로는 사람을 바꿀 수 없다

강의나 설교로는 사람을 바꿀 수 있다고 믿지 마라. 아무리 옳은 말을 하고 이성적으로 설득해도 소용없다. 매주 좋은 설교를 듣는다고 사람이 달라진다면 이 세상의 어떤 사람도 잘못을 저지르지 않을 것이다.

사람을 바꾸는 것은 논리나 이성이 아니라 직관적인 깨달음이다. 자신과 남이 본질적으로 연결된 하나라는 깨달음이다. 이 깨달음이 없다면 아무리 완벽한 말도 허공에 흩어질 뿐이다. 사람을 움직이는 것은 말이 아니라 깨달음이다.

_ 의지와 표상으로서의 세계 4권

102

무엇을 바라고 선한 행동을 하지 마라

이익으로 선행을 유도해서도 안 되고, 무엇을 바라고 선행을 해서도 안 된다. 이기심으로 베푸는 선행은 강도질과 다를 것이 없다. 이기심으로 내세에서 보상을 받으려고 기부하는 사람은 돈을 위해 농노를 학대하는 일을 아무렇지도 않게 할 것이다. 이교도들을 화형에 처하고 약속의 땅에서 학살을 저지르는 사람은 다른 살인이나 강도도 아무렇지도 않게 행할 것이다. 강도와 다른 점이 있다면 그저 방법이 기괴하고 황당하다는 것뿐이다.
진정한 선행은 이기심이 아니라 직관과 공감에서 나와야 한다.
이익으로 베푸는 선행은 결국 악행과 똑같다.

_ 의지와 표상으로서의 세계 4권

103

남과 자신을 구분 짓지 마라

남의 아픔을 자신의 아픔처럼 느끼고, 남의 기쁨을 자기 일처럼 기뻐할 수 있는 사람은 선한 사람이다. 파스칼은 부유했지만 하인들에게 시중을 받는 대신 스스로 식사를 준비하고 이불을 정리했다. 몸이 자주 아팠지만 남에게 불필요한 노동을 강요하지 않았다. 이런 태도야말로 진정한 선함에 가까운 것이다. 진정으로 선한 사람은 자신과 타인 사이에 벽이 거의 없다. 남을 해치지도 않고, 받은 호의는 반드시 되돌려 주고자 한다.

남의 고통과 기쁨에서 고개를 돌리지 마라. 남에게 공감해 주는 사람을 친구로 삼아라.

_ 의지와 표상으로서의 세계 4권

104
받은 유산이 있다면 사회를 잊지 마라

선한 사람은 남과 자신의 경계가 흐릿하다. 그렇다고 해서 상속받은 재산을 모두 내놓을 것까지는 없다. 상속받은 재산이 있다면 그 부를 활용해 사회에 자신만이 할 수 있는 방식으로 기여하라. 그 재산은 불법적인 것이 아니며 사회가 당신에게 인정하고 맡겨 둔 것이다. 사회를 기억하고 보답을 위해 꾸준히 노력한다면 충분하다. 반면에 유산만 믿고 아무것도 하지 않은 채 놀고먹는다면, 법적으로는 문제가 없어도 도덕적으로는 비난받아 마땅하다. 상속 재산은 사회가 당신에게 맡겨 둔 것이다. 감사함을 잊지 말고 사회를 위해 움직여라.

_ 의지와 표상으로서의 세계 4권

105

남에 대한 배려와 진정한 도덕

인간은 모두 세계의 힘으로 연결되어 있지만, 눈앞의 작은 일밖에 볼 줄 모르고 '나'를 중심으로 두고 생각한다. 그러나 같기로 따지면 나와 이웃, 동물과 식물까지도 모두 하나다. 다른 사람에게 고통을 준다면, 큰 관점에서 보면 스스로에게 고통을 주는 것과 다름없다. 반면에 자선을 베풀며 양심의 만족을 느끼는 사람은 본질을 잘 알고 있는 사람이다. 그들은 세상의 진정한 의미가 무엇인지 알고 있기에 자신과 남을 구별하지 않고, 타인의 행복이 자신의 행복임을 깨닫는다.

나와 남 사이의 경계를 허물어 보는 것, 이런 깨달음이 진정한 도덕과 배려의 시작이다.

_ 의지와 표상으로서의 세계 4권

106
이기적인 사람은 매 순간 불안하다

자신만을 생각하는 사람은 끊임없이 불안하다. 그의 세계는 너무나도 좁고, 나머지 세계는 모두 적이다. 무엇을 빼앗기지는 않을까 남들보다 뒤처지지 않을까 하루 종일 불안하다. 그러나 선행을 베푸는 사람은 다르다. 세계는 너무 넓고 기쁠 일로 가득하며, 이 세계는 친구로 가득하다. 남의 소소한 미소에서도 기쁨을 느끼고, 어제까지 제대로 걷지 못하던 길고양이가 늠름하게 걸음을 떼면 행복해한다. 그의 세상은 매일 새롭고 아름다운 일로 가득하다. 매 순간 불안에 떨며 살아갈지, 아니면 매일매일 행복과 기쁨 속에서 살 것인지는 오직 선택에 달렸다.

_ 의지와 표상으로서의 세계 4권

107
희생할 수 없는 사랑은 이기심일 뿐이다

사랑은 본질적으로 동정이다. 동정 없는 사랑은 가면을 쓴 이기심에 지나지 않는다. 우정 역시 마찬가지다. 마음이 잘 맞는 친구를 만나 즐거워하는 것도 결국 자기 만족이고 이기심이다.

진정한 사랑과 우정은 '동정'으로 구별할 수 있다. 친구의 기쁨에 함께 웃고, 슬픔에 함께 울며, 때로는 친구를 위해 나를 희생하는 마음이 동정이다. 희생이 불가능한 사랑과 우정은 오직 자신을 즐겁게 하려는 이기심일 뿐이다. 사랑이라는 명목으로 상대를 내 이기심으로 옭아매고 있지는 않은지 늘 되돌아봐야만 한다.

_ 의지와 표상으로서의 세계 4권

108
진짜 윤리는 학습하지 않아도 알 수 있다

책상 위에서만 통하는 윤리와 도덕은 가짜다. 복잡하고 추상적이고 사색적이라면 그저 자기 과시용 철학이다. 진짜 윤리는 배운 것이 없어도 한눈에 알 수 있어야 한다. '이건 옳다', '이건 틀렸다' 이 감각이 바로 윤리의 본질이다. 윤리는 강의실에서 자신의 권위를 위해 존재하는 것이 아니다. 삶 속에서 작동해야 진정한 윤리다. 현실에 기반을 두고 현실에서 작동해야 한다. 빈틈없는 수학 공식 같은 윤리학, 논리만 정교한 피도 눈물도 없는 윤리는 사람을 움직이지 못한다. 정의도 인류애도 그런 윤리학과 윤리에서는 샘솟지 않는다.

진짜 윤리는 사람을 흔들고 행동하게 만든다. 그렇지 않은 윤리와 도덕은 그냥 버려라.

_도덕의 기초에 관하여

109

예의범절은 위선이지만 필요하다

겉으로 고상해 보이는 예의범절은 철저한 위선이다. 그럼에도 사람들이 예의를 지키는 이유는 날것의 인간이 너무나도 역겹기 때문이다. 인간의 내면에서는 누구나 이기심이 들끓는다. 누구나 이 사실을 알지만 아무도 그 실체를 직접 대면하고 싶어 하지 않는다. 거리 위의 토사물처럼 추악한 것이 인간의 진짜 모습이며, 그렇기에 반드시 가려야만 한다. 예의는 위선이지만 이 위선이 없다면 사회는 쓰레기장이다.

예의는 가짜다. 그러나 이 가짜가 있기에 인간은 비로소 사회에서 살아갈 수 있다.

_도덕의 기초에 관하여

110
질투가 사회를 병들게 한다

악의는 질투에서 시작된다. 남과 나를 비교하는 그 순간부터 질투는 시작된다. 남의 행복이 불편하고 남의 성공이 얄밉다면 이것이 악의의 씨앗이다. 질투하는 사람은 우울증에 빠지고, 그때부터 세상이 아름답지 않아진다. 전부 다 우스운 코미디로 보이고, 거리는 정신병원이고 사람은 사기꾼으로 느껴진다. 남는 것은 불쾌감과 혐오, 냉소뿐이다.

_ 도덕의 기초에 관하여

111
이기주의자는 도덕을 좀먹는다

이기주의자는 동물이다. 오직 자기 이익만 보고 아무도 돕지 않는다. 도움이 될 땐 남까지 해친다. 이들은 인간의 탈을 쓴 본능 덩어리다. 탐욕, 폭식, 강한 성욕, 인색, 사리사욕, 냉혹함 그리고 끝없는 자랑과 교만. 이런 것들이 이기주의자의 특징이다. 이들은 함께 사는 사회를 썩게 만들고 도덕을 껍데기로 만든다.
이기주의는 사회를 좀먹고, 인간을 짐승으로 되돌린다.

_ 도덕의 기초에 관하여

112

악인은 순수하다

비열한 인간은 이기주의자보다 한 술 더 뜬다. 이기주의자는 동물에 불과하다. 남을 해치는 것은 수단일 뿐이다. 그러나 악인은 다르다. 악인은 남이 고통받는 그 자체가 목적이다. 악인은 남이 무너지는 것을 보며 쾌감을 느낀다. 악인은 시기, 질투, 음모, 술수, 염탐, 비방, 오만, 뻔뻔함, 증오, 분노, 배신, 복수심 그리고 마지막에는 잔인함, 이런 것들로 가득 차 있다. 악인은 이기적인 것이 아니라 순수하게 파괴적이다. 악인이 있는 곳엔 도덕도 신뢰도 인간성도 남지 않는다.

_도덕의 기초에 관하여

113

옳고 그름은 자로 잴 수 없다

정의와 불의를 자로 재려고 하지 마라. 정의는 절대값이 아니다. 상대값이다. 굶어 죽기 직전, 빵 한 조각을 훔친 사람은 법으로는 잘못된 행동을 했지만, 진짜 나쁜 것은 가난한 사람에게서 마지막 재산을 빼앗는 부자다. 이 둘의 불의는 비교도 안 된다. 일한 사람에게 정확히 임금을 지급하는 부자는 착한 사람이다. 그러나 부자의 지갑을 주워서 한 푼도 탐내지 않고 돌려주는 가난한 사람은 그보다 훨씬 더 정의롭다.

옳고 그름은 절대적이지 않다. 세상을 지나치게 단순하게 생각하지 마라. 정의와 불의는 늘 상황과 맥락 속에서 달라진다.

_도덕의 기초에 관하여

114

배신자는 용서해서는 안 된다

세상에 많은 죄가 있다. 그러나 그 가운데 가장 더럽고 추악한 죄는 배신이다. 경비가 살인을 저지른다. 판사가 뇌물을 받는다. 후견인이 피후견인의 재산을 빼앗는다. 상담자가 거짓 조언을 한다. 배신은 단 한 번의 불의가 아니다. 두 겹의 악이다. 의무를 저버리고, 의무의 대상을 직접 해친다. 그래서 배신은 세계가 혐오한다. 어떤 이유로도, 어떤 감정으로도 절대 용서해서는 안 된다.

_도덕의 기초에 관하여

115
선행도 때론 칼이 된다

모든 선행이 선하지는 않다. 어떤 선행은 누군가를 더 깊이 찌르고 상처 주기 위해 쓰인다. "너는 이런 도움조차 못 받지?"라며 은밀한 모욕을 주는 선행이 있다. 또 어떤 선행은 남의 자존심을 짓밟기 위해 계획된다. "도움이 필요하지?" 이 말 속에는 우월감이 숨어 있다. 또는 제삼자에 대한 비난이 있다. '나는 이렇게 하는데, 너는 뭐 하느냐?' 하고 말하며 겉으로는 착한 얼굴이지만, 속으로는 고통을 즐긴다.

모든 선행이 착하지는 않다. 의도가 불순하다면, 그저 남에 대한 공격일 뿐이다. 자신의 선행의 의도를 다시 한번 돌아보라.

_도덕의 기초에 관하여

116
선행과 거래를 착각하지 마라

'좋은 일이 생기겠지?' 선행을 하고 나서 이렇게 생각한 순간, 선한 사람일 수가 없다. 이것은 선행이 아니라 거래다. 진짜 선행은 다른 사람의 고통을 줄여 주는 것이다. 그런데 누군가에게 기부를 하고 복을 기대했다면, 이것은 선행이 아니라 물건을 사고파는 행위와 다르지 않다.

명심하라. 보상을 기대하는 순간 선행은 위선으로 변질된다. 선한 행위는 그 자체가 목적이어야 한다.

_도덕의 기초에 관하여

117

염세주의가 손짓할 때 떠올려야 할 것들

세상에는 악인으로 가득하다며 염세적으로 될 필요 없다. 생각해 보라. 길에서 누군가 넘어진 것을 보고 본능처럼 달려가 일으켜 세웠던 순간, 길 잃은 사람에게 길을 알려 주던 순간, 타인을 위해 기꺼이 손을 내밀던 순간들. 그것은 계산도 보상도 없는 순수한 선이었다. 그리고 누군가는 타인을 구하다 목숨을 잃는다. 이것이 사람 안에 있는 진짜 착함이다.

세상이 전부 어둡다고 믿지 마라. 인간의 도덕성은 지금도 살아 있고, 당신 안에도 분명히 있다.

_도덕의 기초에 관하여

118

종교는 약하다

겉으로는 경건하다. 기도하고, 경전을 외우고, 죄를 두려워하는 척한다. 그러나 진짜 욕망 앞에서 이 믿음이 얼마나 버틸 수 있을까? 생각해 보라. 누군가 이미 악행을 결심했다. 법도 경찰도 따돌릴 준비를 마쳤고, 자신의 명예 따위도 던져 버렸다. 이 순간 어떤 종교가 그를 멈출 수 있을까? 단순한 교리? 막연한 두려움? 이미 소용없다. 법과 경찰이 없다면 수많은 사람들이 무슨 짓을 할지 상상해 보라.

결국 인간을 멈추는 것은 신이 아니라 양심이고, 동정심이다. 이것이 없다면 믿음은 장식일 뿐이다.

_도덕의 기초에 관하여

119

타고난 부자의 행복 요령

돈 걱정 없이 태어난 것은 축복이다. 생계를 위해 일하지 않아도 된다. 어느 노동자가 감히 "내 하루는 온전히 내 거야"라고 말할 것인가? 그러나 특권을 갖고 태어난 사람은 말할 수 있다. 이 특혜를 받은 사람이라면, 반드시 무언가 해야 한다. 오직 자신만이 할 수 있는 일에 뛰어들어야 한다. 그에게는 그런 의무가 있다. 예술, 학문, 봉사처럼 생계와 병행하기 힘든 일들로 뛰어들어라. 특권을 제대로 활용하면 자신이 물려받은 재산의 몇 배를 세상에 돌려줄 수 있다. 그러나 이 특혜를 낭비한다면 차라리 생계를 걱정하며 사는 삶이 낫다. 넘쳐나는 재산은 사람을 썩게 만든다. 무기력해지고, 끝없는 권태 속에서 쾌락과 사치만을 좇는다. 그 끝은 늘 똑같다. 끔찍한 공허함이다.

자신이 입은 특혜를 사회에 돌려주어라. 그것만이 스스로를 망치지 않고 행복하게 살아갈 수 있는 유일한 길이다.

_여록과 보유

120

남이 고통받을 때 나타나는 사람

남의 행복에 박수 치는 것은 쉽다. 기쁜 소식에 웃어 주는 건 누구나 할 수 있다. 그러나 진짜 친구, 진짜 이타주의자는 다르다. 그들은 남이 무너질 때 그 자리에 선다. 그들은 안다. 남의 고통과 슬픔이 어떤 것인지 똑똑히 알고 있기 때문이다. 행복은 실체가 아니다. 그저 고통이 잠든 상태다. 기쁨 앞에 나설 이유는 없다. 그러나 고통 앞에선 나서야 한다.

도덕적인 인간은 남이 위험에 처했을 때 움직인다. 그것이 진짜 품격이다. 남의 괴로움을 아무 말 없이 지나친다면, 당신도 이기주의자일 뿐이다.

_도덕의 기초에 관하여

121

가짜 양심

양심에도 가짜 양심이 있다. 사람들은 후회하고 불안함을 느끼면 스스로 도덕적인 인간인 줄 안다. 그러나 그것은 착각이다. 가짜 양심은 두려움일 뿐이다. 자신이 벌을 받을까, 피해를 받을까 무서워한다. 사람들의 시선이 두려워, 신이 무서워서, 그동안의 습관이 그래서, 허영이나 편견 때문에 양심 있는 척하는 것, 이것이 가짜 양심이다. 휴일에 담배를 피고서, '『출애굽기』35장 3절에서 안식일에 불을 피우지 말라고 했는데...' 하면서 마음이 무거워진다면, 그저 신에게 혼날까 두려운 겁쟁이일 뿐이다.

진짜 양심은 남을 향하고, 가짜 양심은 자기를 걱정한다.

_도덕의 기초에 관하여

6장
진리와 예술

122
진리는 승리한다

진리가 외면당한다고 절망하지 마라. 진리를 아는 사람은 언제나 외롭다. 진리는 본래 소수만이 알아볼 수 있다. 대부분의 인간은 진리에 아무런 관심도 없다. 그들이 진리를 받아들이는 순간이 오더라도 진리를 이해했기 때문이 아니다. 타인의 눈치, 권위의 위협, 비웃음에 대한 두려움 때문에 받아들인 척할 뿐이다.

진리는 언제나 냉정하고 잔인하게 스스로 모습을 드러낸다. 누구의 허락도 필요치 않으며 누구의 환영도 기대하지 않는다. 극소수만이 이해한다고 불안해하지 마라. 진리는 무지와 무관심 속에서도 결국 잔혹하게 승리하고 만다.

_자연에서의 의지에 관하여

123
지식은 사라지지 않는다

머릿속을 스치고 지나가는 직관은 공유할 수 없고 흘러가는 감정은 붙잡을 수 없다. 뛰어난 예술가를 제외하고는 순간의 직관과 감정을 타인에게 제대로 전할 수 없다. 다만 인간에게는 이성과 개념이 있다. 인간 이성은 세상의 본질을 그대로 담아내지는 못한다. 그 대신 인간은 이성과 개념을 사용해 세상을 핀셋으로 잡아내고, 하나의 관점을 적용해 지식으로 만들어 그것을 부패하지 않게 고정시킨다. 그렇게 고정된 지식은 남에게 전달할 수 있다. 당구의 달인은 공의 움직임을 느끼지만, 전달할 방법은 모른다. 그러나 물리학자는 공의 움직임을 수식으로 남겨 전달한다. 이것이 이성의 힘이다. 지식은 그저 단순히 과거의 경험을 기억하는 것이 아니다. 지식은 이성의 힘으로 경험을 분석하고 고정시켜 후대에 전달하는, 인간의 유산이다.

_의지와 표상으로서의 세계 1권

124

농담은 인간의 허점을 드러내는 가장 지적인 칼이다

농담을 그저 가벼운 말장난이라고 생각하지 마라. 농담은 단순한 유희가 아니다. 웃음이 터지는 순간을 살펴보면 인간이 만든 개념과 실제 현실 사이의 미묘한 어긋남이 드러난다. 인간은 자신이 세상을 완벽하게 이해하고 있다고 믿지만 그 믿음이 무너지는 바로 그 지점에서 웃음이 터진다. 예상과 현실 사이의 격차가 클수록 더 큰 웃음이 나온다. 이를 누구보다 빨리 발견하는 사람은 기지가 뛰어난 사람이다. 한참 뒤에야 알아차리고 놀라는 사람은 어리석고 둔한 사람이다.

농담은 인간 이성이 만들어낸 가장 예리한 도구다. 동시에 인간적인 매력의 표현이다. 잘 만들어진 농담 하나는 긴 연설보다 더 효과적이고 오래 기억된다. 웃음은 인간의 약점을 폭로하지만 그것을 부끄럽지 않게 받아들이도록 하는 지혜로운 처방이다.

_ 의지와 표상으로서의 세계 1권

125

표절이 단순한 도둑질보다 더 악랄하다

표절은 그저 남의 것을 훔치는 단순한 도둑질이 아니다. 문학과 학문이라는 가장 고귀한 영역을 더럽히고 타인의 피땀 어린 노력을 무자비하게 짓밟는 비열한 기회주의적 행동이다. 표절자는 행위 그 자체로 이미 도덕적으로 부패했지만 저급함은 여기서 끝나지 않는다. 가짜 평판을 날조하고 서로의 하찮은 존재를 추켜세우며 끝없는 아첨으로 자신을 치장한다.

표절은 치졸하고 악랄한 지적 범죄다. 알량한 이기심 때문에 진정 가치 있는 작품이 처참하게 짓밟히고 창작자는 결국 의욕을 잃는다. 단순히 창작물을 빼앗는 데서 끝나지 않는다. 창작의 정신과 그 근본 자체를 무너뜨리는 정신적 살인이다.

_ 자연에서의 의지에 관하여

126
철학자의 위선과 기회주의는 가장 역겨운 배신이다

철학자, 사상가의 위선과 거짓말은 어떤 범죄보다 더 혐오스럽다. 이들은 누구보다 진리를 끝까지 추구해야 할 의무가 있다. 그러나 종종 자신의 명성과 작은 이익을 위해 쉽게 진리를 내던진다. 그 순간 진리는 치욕스럽게 더럽혀지고 철학은 경멸스러운 도구로 전락한다. 철학은 결코 명성이나 돈, 지위를 얻기 위한 수단이 아니다. 철학자는 설령 마지막 한 조각의 빵을 위해서라도 진리를 팔아서는 안 된다. 소크라테스가 기꺼이 독배를 받아들였던 이유가 바로 이것이다.

진리는 목숨을 걸고 지켜야 한다. 진리를 버리는 순간, 철학자는 더 이상 철학자가 아니라 자신과 세상 모두를 속이는 가증스러운 위선자가 될 뿐이다.

_ 자연에서의 의지에 관하여

127
허상이 아니라 본질로 평가받아라

명성과 돈을 얻으려 책과 논문을 찍어내는 자들은 철학자가 아니라 철학의 기생충이다. 그들은 후세의 철학사가 자신을 냉정히 평가할 날이 올까 두려워 미리 변명을 준비한다. "나는 실은 진짜 철학자가 아닙니다. 그저 교수이며 직장인일 뿐입니다. 제가 무슨 진짜 철학을 하겠습니까?"

인간은 누구나 자신만의 영역에서 평가받는다. 평생을 살면서 외부에 드러내는 돈, 직함, 지위, 유명세 같은 것은 모두 허망한 가면이다. 시간이 지나면 결국 벗겨진다. 그때 사람들이 보게 되는 것은 당신이 세상에 남긴 구체적인 흔적뿐이다.

철학자는 저서로, 예술가는 작품으로, 장인은 솜씨로, 노동자는 일의 성과로 평가받는다. 모든 인간이 마주할 수밖에 없는 엄중한 운명은 당신이 남긴 진짜 흔적만이 세상의 마지막 평가 기준이라는 사실이다.

_자연에서의 의지에 관하여

128
논리와 이성이 전부가 아니다

자신의 논리로 몇 푼의 돈을 더 벌었거나 토론에서 상대를 꺾었다고 해서 자만하지 마라. 논리와 이성이 만들어 준 승리에 취해 인간은 자신이 현명하다고 착각한다. 현실은 전혀 다르다. 이성은 오히려 당신이 세상을 제대로 보고 느끼지 못하게 가린다.

생각해 보라. 부끄러움을 느낄 때 얼굴이 붉어지고 충격을 받으면 얼굴이 창백해진다. 슬픔이 찾아오면 눈물이 흐르고 맛있는 음식을 보면 본능적으로 입에 침이 고인다. 불쾌한 장면에 구역질을 참지 못하는 것도 마찬가지다. 이 중에서 하나라도 당신이 논리와 이성으로 의도적으로 만들어낸 반응이 있는가? 인간이 이성과 논리로 통제할 수 있는 건 한정되어 있다.

세상은 논리나 이성이 손댈 수 없을 만큼 거대하고 복잡하다. 세상 앞에서 인간의 이성과 논리는 늘 무력하다. 이성에 한계가 있다는 사실을 깨닫지 못하면 진정으로 현명한 사람이 될 수 없다.

_자연에서의 의지에 관하여

129

만물의 영장인 척하지 마라

이성이 있다고 해서 동물보다 자신이 위대하다고 착각하지 마라. 이성은 그저 생존을 위한 작은 도구에 불과하다. 인간은 이성을 얻기 위해 원숭이보다 약한 근력과 늑대보다 느린 발을 얻었다. 인간은 한 명 한 명의 생존율을 높이는 방향으로 진화했다. 느린 번식, 긴 유아기, 긴 수명을 지속시켜 주는 것이 이성이다. 그러나 이성은 욕구를 키우고 인간은 욕구의 노예로 전락하고는 한다. 이성은 결코 세상을 마음대로 통제할 수 있는 완벽한 힘이 아니다.

다른 존재를 얕보고 학대하지 마라. 인간의 이성은 그저 생존을 위해 얻은 작고 불완전한 도구일 뿐이다.

_자연에서의 의지에 관하여

130
자연은 이길 수 없다

인간의 창조는 모두 자연의 어설픈 모방이며 열등한 복제품이다. 자연은 그 자체로 완전하다. 장인이자 재료이고 작품 그 자체다. 이 세상의 모든 생명체는 처음부터 완벽하다. 곤충의 겹눈 하나에도, 기생식물의 교묘한 구조에도, 인간 몸속 장 내벽의 융털 하나하나에도 섬세하고 정교한 예술이 깃들어 있다.
그러나 인간이 만든 것들은 얼마나 어설픈가. 인간은 재료와 싸우고 씨름해야만 겨우 무언가를 만든다. 잘라내고 다듬고 조립해 겨우 형태를 갖춘다. 자연의 방식은 다르다. 이미 스스로가 완벽한 재료이며 동시에 완성된 작품이다.
인간의 육체 역시 자연, 곧 우주가 만들어 낸 완벽한 걸작이다. 당신의 신체를 초라하고 우습다고 비웃는다면 당신은 자연과 우주 전체를 비웃고 있는 것이다. 자신이 초라하게 느껴질 때마다 기억하라. 당신은 자연이 만든 최고의 작품이다.

_ 자연에서의 의지에 관하여

131

단 하루의 삶도 내 것이 아니다

인간은 자신의 노력과 의지로 모든 것을 성취했다고 착각한다. 그러나 가만히 내 몸 하나만이라도 똑바로 바라보라. 심장은 명령 없이도 스스로 뛰고, 폐는 아무 생각하지 않아도 저절로 숨을 쉰다. 위장은 알아서 음식을 소화시킨다. 당신의 몸이 움직이는 데 당신의 결정이나 노력은 영향을 끼치지 못한다. 당신이 자신의 힘만으로 이룬 것은 실상 거의 없다. 당신의 삶과 몸이 존재할 수 있는 이유는 오직 세계가 그것을 허락했기 때문이다. 당신은 세계로부터 잠시 삶을 빌렸을 뿐 결코 완전히 소유한 적이 없다.
세계와의 연결이 없다면 당신은 한순간도 존재할 수 없다. 스스로를 과대평가하지 마라. 당신의 삶은 처음부터 끝까지 당신의 것이 아니다. 빌린 삶을 나만의 것으로 착각하지 마라.

_ 자연에서의 의지에 관하여

132

이성은 직관을 방해한다

이성은 인간의 무기지만, 때때로 큰 방해물이 되기도 한다. 당구, 검도, 피아노, 노래, 그림, 시 이 모든 것을 할 때 일일이 따지고 계산하며 이성적으로 접근해 보라. 몸은 굳고, 머리는 혼란스러워져 아무것도 할 수 없다. 육체의 감각으로 살아가는 사람들이 머리로만 사는 사람들보다 훨씬 더 빠르고 정확한 이유는 간단하다. 그들은 쓸데없는 생각과 이성적 계산에 빠져 있지 않기 때문이다. 이성으로 모든 것을 통제하려 할수록 감각은 둔해지고 본능은 무뎌진다.

직관은 머리가 아니라 느낌이다. 직관은 순간적으로 다가오는 것이지 생각하거나 따져서 오는 것이 아니다. 생각하는 순간 직관은 사라지고 만다.

명심하라. 때로는 생각을 멈추고 느끼는 것이 가장 정확한 이해다. 이성의 덫에 빠지지 마라.

_ 의지와 표상으로서의 세계 1권

133

이성은 삶을 분석하지만
예술은 삶을 느끼게 한다

운동선수가 계산과 이성으로 움직이지 않듯이, 예술 또한 이성이나 개념으로 창조할 수 없다. 뛰어난 화가, 작곡가, 연주가, 시인들은 머릿속의 추상적인 개념을 일찌감치 버린 사람들이다. 그들의 손끝에서 터져 나오는 창조는 이성의 산물이 아니다. 살아 있는 직관과 감정의 폭발이다.

진정한 예술은 세계와 직접 부딪혀 온몸으로 느낀 감정을 쏟아내는 것이다. 머리의 생각이 아니라 몸의 감각과 심장의 울림을 담아낸다. 이성은 끊임없이 삶을 분석하고 설명하려 애쓰지만, 정작 삶의 본질을 직접 느끼게 해 주는 것은 오직 예술뿐이다. 삶을 진정으로 이해하고 싶다면 이성의 설명이 아니라 예술이 주는 직관에 귀를 기울여라.

_ 의지와 표상으로서의 세계 1권

134
예술을 모르면 인간 자격이 없다

예술을 즐기지 못하는 사람은 삶을 제대로 안다고 착각하지 마라. 과학은 눈앞에 펼쳐진 현실을 분석하고 설명할 수 있지만 그것만으로 삶의 본질에 가까워지지 않는다. 예술은 하나의 구체적이고 평범한 대상을 시간과 공간 너머로 데려가, 주관적 시선을 뛰어넘어 세계의 본질을 드러낸다. 그들이 그려내고, 연주하고, 써 내려가는 작품에는 세상의 본질이 숨어 있다.

모든 위대한 예술 작품은 결국 인간의 삶을 이야기한다. 예술을 모르는 사람은 삶의 가장 깊은 비밀을 놓치고 만다. 삶의 표면에 머물지 마라. 예술만이 당신을 삶의 가장 깊은 곳으로 인도한다.

_ 의지와 표상으로서의 세계 3권

135

위대한 작품은 언제나 불편하다

"도대체 이게 뭐야?" 함부로 예술을 조롱하지 마라. 당신의 수준이 드러난다. 사람들은 걸작이라고 하면 일단은 고개를 끄덕인다. 그러나 틈만 나면 걸작을 깎아내리고 예술을 우습게 본다. 조롱의 이면엔 질투와 무지가 숨어 있다. 진짜 걸작은 일상적인 눈과 얕은 욕망으로는 결코 볼 수 없다. 더 깊이 보고, 더 넓게 세계를 직관하는 천재를 인정하라. 예술은 쉽게 만족하는 사람에게는 절대 친절하지 않다. 위대한 작품은 언제나 대중을 불편하게 한다.
스스로를 비웃고 싶다면 예술을 비웃어라. 어리석은 군중으로 머무르고 싶다면 예술가를 조롱하라.

_ 의지와 표상으로서의 세계 3권

136

천재는 자신에게 심취하지 않는다

스스로에게 도취되는 사람은 결코 천재가 될 수 없다. 자신에게 빠진 사람은 절대 본질을 볼 수 없고 결국 실패한다. 보통 사람은 눈앞의 작은 것들에 갇혀 산다. 그들의 관심사는 늘 자기 주변에서 일어나는 일들이며 자신이 얽힌 일상의 좁은 범위에서 벗어나지 못한다. 오직 이성과 논리를 사용하여 눈앞의 사건과 사물만을 분석하려고 애쓴다. 천재는 다르다. 천재는 사소한 것들에 사고력을 낭비하지 않는다. 천재는 복잡한 논리와 계산을 뛰어넘어 순간의 직관을 통해 곧바로 세계의 본질에 닿는다. 그들은 자신의 욕망과 관심을 초월하고 자기 존재를 잊은 채 세계 그 자체에 몰두한다.
천재가 위대한 발견과 창조를 이루는 순간은 언제나 자기 자신을 잊고 눈앞에 펼쳐진 세상을 직시할 때다. 천재는 세상을 있는 그대로 꿰뚫어 보는 순수한 시선이다.

_ 의지와 표상으로서의 세계 3권

137

자연에서만 진정한 자유를 얻는다

사람보다는 자연을 가까이하라. 아름다운 자연은 최고의 예술 작품이다. 웅장한 산과 눈부신 바다, 탁 트인 하늘 앞에서는 모든 근심과 욕망이 단숨에 녹아내린다. 지친 마음도 복잡한 생각도 자연 앞에서는 단번에 씻겨 나간다. 우리는 자연 앞에서만 마음의 위안을 얻고 기운이 나며 명랑해진다. 꿈을 꾸듯 현실에서 벗어나, 오로지 자연과 하나가 된다. 개별적이고 주관적인 자신만의 세계에서 벗어나, 광활하고 객관적인 세계와 일체가 된다. 그러나 이 마법은 길지 않다. 보통 사람은 이런 경지에 오래 머무를 힘이 없다. 곧장 근심과 욕망, 차갑고 복잡한 논리, 피곤한 인간관계가 얽힌 현실의 감옥으로 돌아가 버린다.

가능한 한 자주 자연으로 돌아가라. 자연은 당신을 둘러싼 모든 속박을 풀어 준다. 자연 속에서만 온전한 자신을 만날 수 있다. 삶에 갇히고 지칠 때마다 언제든 자연으로 가라.

_의지와 표상으로서의 세계 3권

138

천재는 만족을 모른다

평범한 사람은 쉽고 빠르게 만족을 찾는다. 그들은 자기와 비슷한 사람들과 어울리며 편안하고 안전한 일상에 머문다. 모험이나 변화를 피하고, 자신이 이미 이해하고 통제할 수 있는 범위 안에서만 산다. 천재는 다르다. 천재는 결코 현재의 현실에 만족하지 않는다. 그들은 현실의 한계를 뛰어넘기 위해 끝없이 생각하고 상상한다. 천재는 본질적이고 중요한 질문에만 몰두하고 사소한 일상사에는 무관심하다. 그 모습이 때로는 어리석고 미친 사람처럼 보이기도 한다. 세상은 천재를 이해하지 못하고 비웃으며 조롱한다. 그러나 천재는 결코 멈추지 않는다. 천재의 눈은 논리나 이성이 아니라 오직 직관과 감각으로 세계를 본다. 만족하지 않고, 멈추지 않고 끊임없이 현실의 경계를 넘어서려 한다.
잊지 마라. 세상을 변화시키는 힘은 바로 결코 만족하지 않는 천재의 불편한 눈과 끝없는 갈망에서 시작된다.

_ 의지와 표상으로서의 세계 3권

139
비유를 모르면 세계를 알 수 없다

문학 작품의 뛰어난 비유를 이해할 수 없다면, 당신은 아직 세상을 보는 법을 모르는 것이다. 언어는 그저 개념을 전달할 뿐, 삶과 세계의 본질은 비유를 통해서만 드러난다. 플라톤의 '동굴의 비유'를 보라. 동굴 속에 갇혀 벽에 비친 그림자만 보고 진실이라 믿는 어리석은 사람은 바로 당신 자신일 수 있다. 발타자르 그라시안의 『비판자』, 세르반테스의 『돈키호테』, 스위프트의 『걸리버 여행기』와 같은 작품을 펼쳐라. 그 속에 숨겨진 수많은 비유와 은유를 읽고 말의 감옥에서 벗어나 숨은 진실과 만나라.

삶은 비유로 가득 차 있다. 지금 당장 책을 펼치고 그 속에 숨겨진 진짜 세계로 걸어 나가라. 비유를 모르면 당신은 평생 어둠 속에서 헤매게 될 것이다.

_의지와 표상으로서의 세계 3권

140
평범한 사람과 천재는 눈이 다르다

못난 화가가 그린 풍경은 결코 아름답지 않다. 못난 화가는 세상을 보고도 감동을 느끼지 못한다. 그에게 세상은 뻔하고 지루한 풍경일 뿐이다. 자신의 좁은 생각과 욕망, 편견에 가려져 있다. 그런 눈으로는 어떤 것도 새롭게 보이지 않으며 감동이나 경이로움을 느낄 수 없다.

반면에 천재 화가는 전혀 다른 눈으로 세상을 본다. 꽃잎 하나, 바람결 하나에도 우주와 자연의 힘이 표현된 것을 발견하고 깊은 경이를 느낀다. 천재는 자기 생각과 기준에서 벗어나 세상의 본질을 곧장 마주한다. 그 순간 그에게 세상은 한없이 깊고 놀라운 아름다움으로 다가온다.

예술은 결코 기술이 아니다. 방법이나 도구가 다른 것이 아니라 세상을 보는 눈이 문제다. 세상을 바꾸고 싶다면 먼저 눈부터 바꿔야 한다.

_자연에서의 의지에 관하여

141
진리는 무기이며 오류는 함정이다

진리와 오류를 실험실의 표본처럼 신중히 다루어야 한다는 말은 지나치게 낭만적이다. 진리는 실험실 안의 안전한 재료가 아니라, 전쟁터에서 살아남게 해 주는 날카로운 무기다. 아무리 작아 보이는 진리라도 가볍게 여기지 마라. 언젠가는 당신의 목숨과 운명을 결정하는 힘을 발휘할 수 있다.

오류 역시 무시할 수 없다. 작은 오류 하나가 당신의 인생을 완전히 파괴할 수도 있다. 사소한 착각이나 오해도 언젠가 당신을 한순간에 무너뜨릴 수도 있다. 진리는 얻기 어렵고 희소하다. 그러나 일단 진리를 손에 넣으면, 그 어떤 것도 당신에게서 빼앗지 못한다. 반대로 오류는 언제나 가까이에 숨어 있어 당신을 기다린다.

진리는 당신을 지키는 무기이며 오류는 당신을 노리는 적이다. 그 어느 쪽도 함부로 가볍게 대하지 마라.

_ 의지와 표상으로서의 세계 1권

7장
논쟁과 화술

142
중요한 말일수록 오히려 차갑게 던져라

양보할 수 없을 만큼 중요한 말일수록 무심하게 던져라. 진정으로 중요한 주장은 오히려 아무렇지 않은 듯 차갑고 담담하게 말해야 한다. 완벽한 논리와 수없이 많은 근거도 결국 별 소용없다. 상대는 당신의 열정에 감탄하는 것이 아니라 흥분과 감정의 흔적을 발견하는 순간 귀를 닫는다.

사람들은 당신의 철저한 논리를 이해할 능력도 없고 이해하려고 하지 않는다. 그저 당신이 감정적으로 흥분했다는 사실 하나만으로 비웃고 무시할 뿐이다.

정말로 뜨거운 주장은 반드시 차가워야 한다. 당신이 전하고자 하는 바가 강렬할수록 더 냉철하게 전달하라. 감정을 숨기고 담담히 말할수록 당신의 주장은 상대의 가슴 깊이 꽂힌다. 냉정함만이 당신의 주장을 끝까지 지켜 줄 수 있다.

_여록과 보유

143

교묘하게 논점을 부풀려라

상대의 주장을 가능한 한 크게 부풀리고 확대하라. 원래의 의도를 넘어서는 지점까지 끌고 가야 한다. 주장이 거대해지고 과장될수록 허점도 커진다. 반박할 여지는 자연스레 많아진다. 반면, 내 주장은 철저하게 좁혀라. 내 논점은 날카롭고 선명하게 만들어야 방어하기 쉽다. 흐리고 넓은 논점은 금세 무너지고 만다. 이 방법은, 사실 자신이 틀렸다는 것을 알면서도 결국 논쟁에서 승리하는 사람의 냉혹한 전략이다. 상대를 무너뜨리는 기술의 핵심은 사실의 왜곡이 아니라 과장이다.

논쟁에서 이기고 싶다면 반드시 유리한 위치에서 시작해야 한다.

_여록과 보유

144

단어 하나만 바꿔도 논쟁에서 이긴다

같은 단어라도 표현 하나만 바꾸면 의미가 달라진다. 원래 주장 속의 단어를 유리하게 해석할 수 있는 다른 개념으로 교묘히 대체하라. 가령 '명예'라는 단어를 '평판'으로 바꾸기만 해도 품위와 존경을 단숨에 세속적이고 하찮은 욕망으로 끌어내릴 수 있다. 단어의 의미를 교묘하게 바꾸면 논점 자체가 흔들린다. 상대가 원래의 의미를 강조하려고 하면 오히려 그가 까다롭고 편협한 사람으로 비칠 것이다. 이 미묘한 틈을 파고들어라.
결국 언어를 마음대로 다루는 자가 논쟁의 승자가 된다.

_ 여록과 보유

145

상대의 주장을 모든 상황으로 확대하라

상대 발언의 맥락을 잘라 내라. 특정한 맥락에서 꺼내, 마치 모든 상황에 적용할 수 있는 일반 법칙처럼 확대해석하라. 상대가 한정된 상황에서 했던 말을 모든 경우에 해당하는 말로 끌어들이면 자연스레 허점이 생긴다. 부분적으로 해석한 서술일수록 왜곡하기도 좋고, 허점을 찾기도 쉽다.

이 기법의 본질은 상대가 말하지 않은 부분을 공격하는 데 있다. 상대가 특정 조건 아래에서만 말한 내용을 전체 상황으로 확장하면 상대는 자신이 미처 생각하지 못했던 부분까지 변호해야 한다. 단어 하나만 부정확해도 그 주장은 곧바로 웃음거리가 된다.

논쟁에서 이기고 싶다면 상대의 말을 가능한 모든 상황으로 끌어내야 한다. 주장을 넓힐수록 상대의 논리는 쉽게 무너진다. 이 얼마나 손쉬운 방법인가?

_여록과 보유

146

결론을 숨기고 전제만 흩뿌려라

논쟁에서 결론을 처음부터 드러내면 상대는 곧바로 결론을 공격한다. 진짜 의도는 철저히 숨겨야 한다. 대신, 결론을 향해 자연스러운 길을 내는 전제들만 하나씩 뿌려 두어라. 처음부터 결론을 보이지 말고 상대를 이끌고 갈 논리의 발판만 놓아두는 것이다.

상대가 이 전제들에 무심코 동의하는 사이, 당신의 결론은 안전하게 도착할 준비가 끝난다. 결론에 도달할 때쯤 상대는 반박할 길을 잃고 어리둥절해할 것이다. 최종 목적지까지 돌아가더라도, 들키지 않고 안전하게 다다를 수 있다. 침묵 속에 길을 닦고, 저절로 상대가 그 길을 따라 걷도록 만들어라. 결코 결론을 먼저 보여 주지 마라.

_ 여록과 보유

147

상대의 거짓 위에 진실을 세워라

상대가 진실을 거부하며 완고하게 거짓말을 믿고 있는가? 그렇다면 그의 믿음을 이용해 공격하라. 논쟁은 진실을 밝히는 장이 아니라 상대를 굴복시키는 자리다. 상대가 틀린 전제를 붙들고 있다면 오히려 좋다. 그의 거짓을 발판 삼아 그것이 초래하는 모순을 날카롭게 드러내라.

진실은 거짓의 그림자 위로 빛난다. 이때 중요한 무기는 사실 그 자체가 아니라 상대가 신봉하는 믿음이다. 그의 논리, 신념, 소속 그리고 믿음의 체계를 활용하라. 상대가 붙잡고 있는 바로 그 거짓이 그의 약점이다. 상대의 논리 안에서 상대의 믿음으로 쓰러뜨리는 것이 가장 확실한 전략이다.

논쟁에서 중요한 것은 누가 진실을 말했는지가 아니라 누가 최후에 서 있느냐다. 상대의 거짓 위에서 싸워 이기면 아무도 당신에게 진실을 묻지 않을 것이다.

_ 여록과 보유

148

결론을 증명하지 말고 전제 속에 숨겨라

논쟁에서 가장 교활한 승리법은, 증명해야 할 말을 당연한 전제처럼 슬쩍 깔아 두는 것이다. 논리를 펼쳐 증명하려 하지 말고 처음부터 그것을 자연스러운 전제처럼 슬며시 놓아 두어라. 여기서 전제 또한 어감을 미묘하게 바꾸어 혼란을 가중하면 더 좋다. 순결 대신 덕성처럼, 단어만 바꿔도 상대는 그 차이를 잘 알아차리지 못하게 되며 반박은 힘을 잃는다.

두 가지 주장을 서로의 전제로 얽어 놓으면 하나의 주장이 받아들여졌을 때 다른 하나도 자연스럽게 따라온다. 전체 주장을 바로 드러내지 말고 조각난 주장들을 슬쩍 내밀어 상대가 무심코 수용하게 만들어야 한다. 논쟁은 논리로 결론을 향해 가는 과정이 아니다. 처음부터 당신이 원하는 결론을 전제로 숨겨 놓고 상대를 그 길로 몰아가는 것이다.

_여록과 보유

149
이기고 싶다면 질문하라

논쟁에서 상대를 압도하는 방법은 직접적인 주장을 하지 않는 것이다. 직설은 경계심을 부른다. 대신 아무것도 모르는 척 질문을 던져라. 상대가 질문에 대답하고, 그 대답에 스스로 걸려 넘어지게 만들어라. 상대가 질문에 답하는 순간 이미 그는 당신이 놓은 덫 안에 들어온 것이다.

질문 안에 전제와 결론을 숨겨 두면 상대의 대답은 수용이 된다. 그 즉시 결론으로 끌고 가라. 이해가 더딘 사람일수록 자신이 함정에 빠졌다는 사실조차 모른 채 무너진다. 상대에게 결론을 강요하지 마라. 상대가 스스로 입을 열어 자기 패배를 인정하게 하라. 가장 우아한 승리는 상대의 입을 통해 이루어진다.

_ 여록과 보유

150

이기고 싶다면 상대를 분노하게 하라

논쟁에서 상대의 논리를 꺾으려면 먼저 감정을 흔들어야 한다. 사람은 화가 나면 이성을 잃는다. 차분한 논리로 싸우기 전에 먼저 상대의 마음을 건드려라. 뻔뻔하게 비꼬고, 노골적으로 공격하며, 무례한 질문으로 상대의 감정을 뒤집어라. 상대의 마음속에 분노가 차오르면 논리는 순식간에 증발한다.

한번 분노가 치밀면 상대는 이성을 잃고 혼자 무너져 내린다. 상대의 이성을 잡아먹고 나면, 승패는 이미 끝나 있다. 더 이상 논리를 준비하거나 설득할 필요도 없다. 상대가 스스로 붕괴하는 모습을 기다리기만 하면 된다. 훌륭한 궤변가는 설득하지 않고 상대의 감정을 긁는다. 더 똑똑한 사람이 아니라, 더 무례하고 뻔뻔한 사람이 싸움에서 이기는 법이다.

_ 여록과 보유

151

질문은 어지러울수록 좋다

논쟁에서 질문이 꼭 순서대로 논리적일 필요는 없다. 오히려 질문을 뒤섞고 논리의 흐름을 알 수 없게 만드는 편이 훨씬 유리하다. 상대가 당신의 질문이 어디로 향하는지 알 수 없게 만들어라. 논리적 관계가 불투명한 질문을 여기저기 흩뿌려 놓으면 상대는 입을 여는 것조차 두려워할 것이다. 자신이 무슨 말을 해도 불리하게 작용할 수 있다는 두려움에 휩싸이게 된다. 결국 말을 아끼다 혼란에 빠져 논리 자체가 무너져 버린다.

질문은 교묘하게 숨겨 놓은 덫과 같다. 상대가 그 덫을 인지하지 못한 채, 뒤죽박죽 섞인 질문의 미로 속으로 스스로 걸어 들어오게 만들어라. 질문은 혼란스러울수록 효과적이다. 상대를 논리의 미로 속에서 방황하게 만드는 자가 반드시 승리한다.

_ 여록과 보유

152

상대가 반대만 한다면 반대로 물어라

논쟁에서 가장 흔히 보는 것은 논리의 싸움이 아니라 습관의 싸움이다. 어떤 사람은 상대가 말하는 모든 것을 본능적으로 거부하고 부정한다. 이럴 때는 정면에서 상대를 설득하려고 애쓰지 마라. 오히려 상대의 거부하는 습관을 이용하라.

원하는 대답이 '예'라면 반대로 물어, 상대가 습관적으로 '아니오'라고 답하게 만들어라. 무조건 거부하고 보는 사람은 질문의 내용과 상관없이 자동으로 부정부터 한다. 그 결과 상대는 자신도 모르게 당신의 주장에 동의하게 된다. 또는 상대에게 둘 중 하나를 고르도록 던져 놓고 어느 쪽이 함정인지 헷갈리게 만들어라. 혼란스러워진 상대는 당신이 준비한 답을 결국 스스로 선택하고 만다.

잊지 마라. 습관적으로 거부만 하는 사람은, 가장 손쉬운 먹잇감이다. 상대의 습관이 결국 당신의 승리를 돕는다.

_ 여록과 보유

153

특수한 사례를 일반적 진리로 포장하라

논쟁에서 몇 가지 단편적인 사례가 보편적인 결론을 뒷받침한다면, 상대에게 절대로 명시적으로 확인시키지 마라. "그러니까 이것이 일반적인 현상이라는 뜻이군요?" 같은 질문을 던지는 순간, 상대는 경계하며 주장을 의심하기 시작할 것이다.

대신 이미 명백히 합의된 사실처럼 자연스럽게 주장하라. 당신의 주장이 특수한 사례에서 출발했다는 사실을 아무렇지 않은 듯 숨기고, 상대와 청중이 이미 그 결론을 받아들였다고 간주하라. 그러면 상대는 물론 주변 사람들까지도 스스로 그 결론을 처음부터 지지하고 있었다고 착각한다. 절대로 이 착각을 스스로 깨뜨리지 마라. 착각을 확인하거나 설명하려는 순간, 당신의 논리는 다시 위험해진다. 상대와 청중이 만든 착각 속에서 조용히 논쟁의 승리를 가져가라.

_ 여록과 보유

154

언어를 먼저 잡는 자가 논쟁을 지배한다

모든 논쟁은 사실의 다툼이 아니라, 그 사실을 표현하는 언어의 다툼이다. 표현을 먼저 정하는 순간, 상황의 성격이 완전히 바뀐다. 같은 상황도 표현에 따라 판단이 달라진다. 누군가의 행동을 '절약'이라 표현하면 미덕이 되고, '인색'이라 표현하면 결점이 된다. '결단력'이라 말하면 용기가 되지만, '독선'이라 하면 오만이 된다. 언어의 선택은 객관적인 사실보다 강력하다. 언어를 먼저 잡는 사람이 상황의 평가 기준을 결정하고 상대를 방어 태세로 몰아넣는다. 논쟁에서 이기고 싶다면 반드시 상대보다 먼저 언어를 잡아라. 언어를 선점하는 자가 논쟁의 방향을 결정한다.

_ 여록과 보유

155

극단적 선택지로 상대를 몰아넣어라

사람은 절대적 진실을 따르지 않고, 더 합리적으로 보이는 선택지를 따른다. 상대가 당신의 주장을 받아들이게 만들고 싶다면 반드시 극단적인 반대편 선택지를 함께 던져라. 양쪽 끝의 선택지가 놓이면 상대는 비교적 덜 불합리한, 즉 당신의 주장을 선택하게 될 것이다. 모든 판단은 상대적이다. 똑같은 회색도 검은색 옆에 두면 희게 보이지만, 흰색 옆에 두면 검게 보인다. 당신의 주장이 옳아서 선택하는 것이 아니라 반대편이 너무나 틀렸기 때문에 선택하게 만들어야 한다.

논쟁에서 상대를 설득하고 싶다면 논리를 다듬지 말고, 상대를 양극단의 선택지로 몰아라. 사람은 진리가 아니라 상대적으로 덜 나쁜 것을 선택하는 존재다. 틀림없이 상대는 당신이 옳다고 대답할 것이다.

_ 여록과 보유

156

논쟁은 목소리가 큰 자가 이긴다

논쟁에서 논리적으로 승리하지 못했는가? 아무 상관없다. 큰 소리로 자신이 이겼다고 우겨라. 사실 여부나 논리적 흐름은 전혀 중요하지 않다. 논쟁의 승자는 결국 더 단호하게 이겼다고 선언하는 사람이다. 당신의 뻔뻔한 선언에 상대가 머뭇거리며 눈치를 본다면, 이미 승부는 끝난 것이나 다름없다. 논쟁의 핵심은 논리의 정확함이 아니라, 누가 더 확신에 차 있는가이다. 사람들은 언제나 목소리가 크고 자신감 있게 우기는 편을 믿는다.
승리를 원한다면 논증이 아니라 태도를 준비하라. 결국 우기는 사람이 논쟁에서 마지막 승자가 된다.

_ 여록과 보유

157

낯설고 기이한 명제로 상대를 교란해라

논쟁에서 진실을 증명하기 어렵다면, 차라리 이해하기 힘든 명제를 꺼내어 상대를 혼란에 빠뜨려라. 직관적으로 받아들이기 어려운 말일수록, 상대는 쉽게 반박하지 못한다. 상대가 이를 부정하면 진리를 이해하지 못하는 어리석은 자로 몰아세우고, 받아들인다면 그 논리를 타고 내 주장까지 자연스럽게 인정하도록 유도하면 된다. 상대가 명백한 논리를 요구하면 오히려 난해한 진실로 받아쳐라. 상대의 논리적 흐름은 막히고, 그는 당황하여 스스로 무너지게 될 것이다.

논쟁은 진실을 가리는 과정이 아니라 혼란을 던져 상대를 무너뜨리는 과정이다. 논리를 다투는 대신 인지의 빈틈을 찔러라. 이것이 가장 간단하고도 강력한 승리의 기술이다. 말도 안 되는 주장은, 오히려 진실처럼 들린다.

_여록과 보유

158

논리에서 밀리면 상대를 공격하라

논쟁에서 막다른 길에 몰렸다면, 상대의 논리가 아닌 상대 자신을 공격하라. 항상 말과 행동 사이에는 빈틈이 있고, 상대도 마찬가지다. 당신은 그 틈을 찾아 거칠게 비난하고 나서면 된다. 상대가 도덕을 논하면 "그렇게 도덕적이면서 왜 당신은 다르게 행동하지?"라고 반박하라. 자비를 말하면 "왜 지금 당장 네 돈을 가난한 사람에게 주지 않나?"라고 물어라. 논리적으로 대응할 필요는 없다. 상대의 말과 실제 삶 사이의 모순을 집요하게 물고 늘어져라. 진리의 싸움이라는 가면을 벗겨라. 논쟁은 결국 상대를 가장 빠르게 당황시키는 자가 승리하는 싸움이다. 정곡을 찌르는 공격 앞에서, 논리는 허약하고 무력하다.

_ 여록과 보유

159

뜻이 아니라 해석으로 승부하라

상대에게 완벽히 반박당했는가? 그렇다면 재빨리 의미를 바꿔라. "내 말은 그런 뜻이 아니다"라고 단호하게 선언하라. 단어를 세부적으로 다시 나누고, 의미를 재정의하여 상대의 공격을 무력화하라. 단어의 의미가 하나일 필요는 없다. 상대가 붙잡으려 했던 그 단어는 이미 다른 뜻으로 변신했다. 논쟁은 사실 싸움이 아니라 의미 싸움이다. 모든 말에는 복수의 의미가 숨어 있으며, 그중 당신에게 가장 유리한 의미를 택하면 된다. 같은 단어라도 바라보는 각도에 따라 전혀 다른 의미를 낳을 수 있다.

상대를 설득하지 못했다면, 상대를 헷갈리게 만들어라. 상대를 이기지 못했다면, 상대의 공격을 무의미하게 만들어라. 말의 의미는 유연할수록 강력하다.

_여록과 보유

160

패색이 짙거든 판 자체를 무너뜨려라

승산이 사라진 싸움에 끝까지 매달리는 것은 어리석은 자가 하는 일이다. 논쟁의 끝이 보이고 패배의 그림자가 드리웠다면, 그 즉시 판을 뒤엎어라. 상대의 논리 흐름을 단숨에 끊어 버리고, 갑자기 질문을 던지거나 전혀 엉뚱한 주제로 대화를 틀어라. 논쟁의 핵심은 흐름과 맥락이다. 흐름이 깨지는 순간, 지금까지의 논점과 기준은 무의미해진다. 그러면 승패를 결정하는 기준마저 처음부터 다시 설정해야 한다.

패배가 예상되면, 절대 논점을 끝까지 유지하지 마라. 차라리 혼란을 만들어 판 자체를 새로 짜라. 승리를 장담할 수 없을 때는 판을 무너뜨리는 것만이 최선의 전략이다.

_여록과 보유

161
논점에서 밀렸다면 더 큰 질문으로 도망쳐라

논쟁에서 막다른 골목에 몰렸다면 작은 주제에 머물지 말고 더 큰 개념으로 빠져나가라. 좁은 논점에서 벗어나 넓고 추상적인 질문으로 상대를 혼란스럽게 만들어야 한다. 질문이 커질수록, 상대의 명확했던 논리는 흐려지고, 구체적인 반박은 힘을 잃는다. 정치 문제를 논할 때는 정의를 물어라. 윤리를 따질 때는 선과 악의 근본적인 기준을 물어라. 과학적 사실에 도전받으면 진리 그 자체를 의심하는 척하라. 논쟁의 범위를 우주만큼 넓히는 순간, 상대의 구체적 논리는 힘을 잃고 미약해진다.
작은 논점에서 지고 있다면 큰 질문으로 상대를 압도하라. 추상화는 비겁한 도피가 아니라 전략적 후퇴이며, 영리한 논쟁가는 늘 더 큰 그림으로 상대를 이끈다.

_여록과 보유

162

결론은 묻지 말고 통보하라

상대가 당신의 논리에 충분히 끌려왔는가? 그럼 지체 없이 결론을 선언하라. 결코 동의를 구하지 마라. 결론을 묻는 순간, 상대는 다시 논리의 빈틈을 찾는다. 결론은 질문이 아니라 선언이어야 한다. 전제가 다소 부족하거나 중간 과정이 빠졌어도 걱정하지 마라. 상대와 청중이 이를 의심하지 않는 한, 빠진 조각은 존재하지 않는다. 사람들은 대개 선언된 결론을 자연스럽게 받아들이며 놓친 빈틈은 기억하지 않는다.

논쟁의 목적은 설득이 아니라 선언을 받아들이게 만드는 것이다. 묻지 마라. 단호하게 밀어붙여라. 침묵하는 순간 결론은 이미 사실이 되어 있을 것이다.

_ 여록과 보유

163

궤변에 맞설 때는 품위를 버려라

상대가 비열한 수법으로 공격하면 정직하게 맞설 필요는 없다. 상대가 인신공격을 시작했다면 망설이지 말고 즉시 맞받아쳐라. 상대가 말꼬리를 잡았다면 똑같이 말꼬리를 잡아라. 진실과 품위는 힘이 없다. 오직 궤변만이 신속하고 확실하다. 논쟁에서 정당성은 아무 의미가 없다. 오로지 누가 더 빠르고 효과적으로 상대를 제압하는지가 중요하다. 더러운 싸움에 깨끗하게 맞서려는 순간 패배는 이미 당신의 것이다.

논쟁에서의 승리는 정당함이 아니라 결과로 판별된다. 논박하는 것보다 빠르고 간편하게 상대를 무너뜨릴 수 있다는 점에서, 궤변은 매우 훌륭한 전술이다. 더러운 전술로 이긴 사람은 영리한 승리자가 된다. 하지만 정직하게 진 사람은 그저 순진한 패배자로 기억될 뿐이다.

_여록과 보유

164
증명을 요구하라

논쟁에서 가장 교묘한 전략 중 하나는 결론을 이미 정해 놓고 마치 당연한 진리인 양 제시하는 것이다. 상대는 종종 논리를 입증하지 않고도 청중이 무의식적으로 수긍할 만한 전제를 은근슬쩍 깔아 놓고 논쟁을 시작한다. 익숙한 말투와 부드러운 포장으로 상대는 논쟁의 흐름을 자기 쪽으로 이끈다.

상대가 이 전략을 사용한다면 절대로 넘어가서는 안 된다. 그 순간 즉시 단호하게 개입하라. 논쟁의 출발점부터 하나하나 검증하도록 요구하라. 상대의 주장을 그대로 받아들일 필요는 없다. 포장된 전제에 저항하고 입증을 강력히 요구한다면 상대는 흔들리기 시작할 것이다. 청중은 비슷한 말에 쉽게 속고, 말재주 좋은 자는 그 틈새를 교묘히 파고든다. 근거가 부족한 주장은 결국 무너진다. 논리란 사슬처럼 연결된 구조여서 처음 전제가 흔들리면 전체가 연쇄적으로 붕괴한다. 상대가 방심하고 제시한 빈약한 전제는 그에게 결정적인 약점이 될 것이다.

논쟁에서 확실한 진리는 없다. 상대가 말하는 순간부터 전제는 의심의 대상이다. 문턱에서부터 엄격히 심사하고 의심하고 철저히 증명을 요구하라. 그 순간 논쟁의 흐름은 당신이 주도하게 된다.

_여록과 보유

165
불난 논쟁에는 기름을 부어라

논쟁에서 흥분은 패배를 부르는 신호다. 상대가 목소리를 높일수록 논리는 옅어지고 감정이 타오를수록 이성은 무기력해진다. 상대가 화를 내게 유도하라. 감정의 불길에 휩싸인 상대는 자기 자신을 스스로 고립시키고 만다.

흥분이란 자신도 모르게 무기를 내려놓는 행위와 같다. 더 강하게 반박하고 더 날카롭게 공격하는 것처럼 보이지만 실제로는 더 많은 허점을 드러낼 뿐이다. 감정에 사로잡힌 상대는 이미 이성을 잃었다. 무엇을 하든 자신의 약점과 한계를 분명히 드러낸다.

반대로 당신까지 상대와 함께 불타오르면 손에 쥐고 있던 칼은 결국 미끄러진다. 승리의 기회마저 사라진다. 차가운 이성이 가장 확실한 무기다.

상대가 도마 위의 생선처럼 날뛰고 발버둥 쳐도 냉정을 잃지 말아야 한다. 결국 힘이 빠지고 숨이 차서 가만히 누워 스스로를 내어 주게 될 것이다. 차가운 시선으로 지켜보며 기회를 노리면 충분하다.

이성이라는 차가운 칼자루를 끝까지 놓지 않는 자가 결국 승리를 가져간다.

_ 여록과 보유

166
주장을 비틀어라

논쟁에서 상대의 주장을 직접 반박하는 것은 어리석은 전략이다. 대신 상대의 논점 하나를 선택해 그것에 고의로 잘못된 추론을 덧붙여라. 본래 의미를 교묘하게 왜곡하여 어처구니없는 결론에 도달하도록 유도해야 한다.

이 전략은 상대를 스스로 자멸하게 만드는 것이다. 청중은 상대가 스스로 터무니없는 주장을 펼쳤다고 착각하게 된다. 논리적 결함은 모두 상대의 책임으로 남는다. 직접 충돌하여 힘을 소모하는 대신 상대가 나아갈 길목을 차단하여 스스로 쓰러지게 만들어야 한다. 눈앞에서 펼쳐지는 화려한 언변이 아니라 그 뒤에 숨어 있는 교묘한 충돌로 승부가 결정된다.

논쟁의 드라마는 무대 위가 아니라 무대 뒤의 연출로 완성되는 법이다.

_여록과 보유

167
미친개에게는 적이 없다

논쟁에서 밀린다는 신호를 느끼는 순간 주제를 버리고 상대 자체를 공격하는 자들이 있다. 이들은 논지와 품위를 모두 내던지고 외모나 말투, 출신 배경을 물어뜯는다. 이것이야말로 패배자가 선택하는 최후의 비열한 수단이다.

이 순간 모든 이성적 논리는 사라지고 멸시와 조롱만이 남는다. 이성적 사고를 포기하고 원초적 감정에 의존하는 것이다. 논쟁에서 오는 정신적 압박과 고통을 더 이상 견디지 못할 때, 본능은 감정적이고 저속한 공격으로 상대를 제압하려 한다. 이 전략은 가장 천박하지만 가장 효과적이며 가장 보편적으로 사용된다. 누구나 쉽게 구사할 수 있기 때문이다.

그러나 분명히 명심하라. 이성이 사라진 논쟁에서는 승자가 없다. 상대를 무너뜨렸다고 믿는 순간, 이미 자신의 품위와 이성 또한 함께 무너졌기 때문이다.

_여록과 보유

168
강력한 반례 하나로 충분하다

논쟁에서 이기기 위해서는 수많은 증거가 필요하지 않다. 오직 단 하나의 명확한 반례면 충분하다. 반례란 모든 것을 포함하는 듯한 명제에도 존재하는 예외적 사례다. 아무리 완벽해 보이는 주장이라도 하나의 예외 앞에서는 무너지고 만다. "모든 인간은 이성적이다"라는 명제는 이성을 상실하고 본능에 따라 행동하는 단 한 사람의 사례만으로도 충분히 반박된다.

그러나 반례를 사용할 때는 신중해야 한다. 그것이 실제로 존재하는 사실인지, 명제의 개념에 정확히 부합하는지 명제와 진정으로 모순되는지 반드시 확인해야 한다. 만일 상대가 반례로 당신을 공격하려 들거든 이 세 가지 조건부터 철저히 검증하여 상대의 허점을 드러내라.

논쟁의 승리는 반례의 양이 아니라 질에서 결정된다. 강력한 반례 하나는 수백 가지 허약한 증거를 압도할 수 있다.

_ 여록과 보유

169

받은 대로 돌려줘라

때로는 상대의 논거에서 무리하게 오류를 찾으려 하면 안 된다. 대신 상대의 논거를 그대로 받아 되돌려 주어라. 단순한 말장난이 아니라 상대가 쥔 칼을 빼앗아 오히려 그의 심장에 내리꽂는 전략이다. 버릇없는 아이를 두고 상대가 "아직 어린애잖아요"라고 변명하면 "그렇기 때문에 더욱 제대로 가르쳐야 하지 않습니까?"라고 응수하라. 의미는 같지만 칼날의 방향이 바뀌면서 상대 자신을 향하게 된다. 상대의 논리가 듣기 불편한가? 그것이야말로 공격의 신호다. 그의 논리를 그대로 역이용하여 받아치면 된다. 논쟁에서 가장 효과적인 반격은 상대의 무기로 상대 자신을 공격하는 것이다.

_여록과 보유

170
감정의 급소를 찔러라

상대가 감정적으로 반응했다면, 바로 그곳이 급소다. 논리로 애써 감정을 숨길 수 있지만 감정은 논리보다 먼저 진실을 누설한다. 화를 냈다면 반드시 이유가 있다. 당신이 해야 할 일은 그 이유를 끈질기게 물고 늘어지는 것뿐이다.

흥분과 분노는 미처 숨기지 못한 약점이 드러났다는 강력한 신호다. 그러니 상대가 흥분한 그 순간, 그 지점을 가장 깊고 날카롭게 파고들어야 한다. 정확히 찔렀다면 상대는 치명상을 입은 채로 패배를 시인할 것이다. 감정이 폭발한 바로 그 자리, 그곳이 상대의 가장 취약한 급소다.

_ 여록과 보유

171

청중의 웃음은 잔인하다

논리로는 이기기 어려울 것 같은가? 그렇다면 청중을 웃음으로 끌어들여라. 청중 앞에서 상대 논리를 비틀어 조롱거리로 만들어라. 당신이 청중을 웃게 만드는 순간, 청중은 당신의 편이 되어 줄 것이다. 대중은 논리의 정확성보다 비웃음과 조롱에 더 쉽게 반응하기 때문이다.

웃음 속에 빠진 상대는 당황하고 허둥대며 제대로 반박하지 못하게 된다. 그런 모습은 다시금 청중의 기억 속에 깊이 각인된다. 상대에 대한 동정심은 필요 없다. 오히려 더욱 신랄하고 예리한 비난으로 그를 몰아붙여야 한다. 논쟁은 공정한 시합이 아니다. 청중의 웃음을 지배한 자가 결국 승리한다.

_여록과 보유

172
시간을 벌어라

논쟁에서 밀리는 순간이 오면, 즉시 싸움의 장소를 옮겨라. 이길 수 없는 싸움에 고집스럽게 매달리는 자는 반드시 패배한다. 대책 없이 논점만 붙들고 있어서는 안 된다. 대신 논쟁의 방향을 틀어 주제를 바꾸고, 본질에서 벗어나지만 설득력 있는 부차적인 논점을 끼워 넣어 시간을 벌어야 한다. 처음부터 그것이 당신의 의도였던 것처럼 자연스럽게 주장하라.

예컨대 상대가 당신의 도덕적 책임이나 실수를 비판할 때, 인간이라면 누구나 불완전하고 실수를 저지를 수밖에 없다는 일반적 논제로 방향을 돌려라. 상대는 인간 본성의 문제를 다루느라 본래의 논점에서 멀어지고, 이 사이 당신은 유리한 입지를 확보할 수 있다. 상대가 당신의 새로운 주제에 반응하기 시작하면, 이미 당신은 위기를 벗어난 것이다. 논점 전환은 비겁하게 보일 수 있으나, 실제로는 상대의 공격을 피하는 영리한 전략이다. 논의의 초점이 옮겨지면 전장도 그에 따라 바뀐다. 논쟁의 승패는 최전선에서가

아니라 때때로 전혀 예상치 못한 변방에서 결정될 수 있음을 명심하라.

_ 여록과 보유

173

권위는 가장 위대한 속임수다

대중은 진실보다 권위를 더 신뢰한다. 생각은 고되고, 판단은 귀찮다. 대신 믿을 만한 얼굴이나 이름을 찾는다. 그러므로 논쟁에서 논리 대신 모두가 알 만한 이름이나 저명한 권위를 내세워라. 유명한 이름 하나면 청중 전체가 동의하듯 고개를 끄덕인다.

단 한 사람이 주장한 의견이라도 여럿이 받아들이면 곧 보편적 진실처럼 된다. 최초로 확신 있게 주장을 펼친 자가 곧 권위가 된다. 그래서 세상은 고민하며 생각하는 자가 아니라, 자신 있게 확신하는 자에게 손을 들어 준다. 결국 진실은 침묵하고 권위만이 큰 목소리로 말하게 된다.

_여록과 보유

174
나의 어리석음을 시인하라

논쟁하다 보면 어느 순간 더는 반박할 말이 떠오르지 않을 때가 있다. 이때 당황하지 말고 차라리 이해하지 못했다고 고백하라. "제가 부족해서 그런지 방금 말씀은 도무지 이해하기 어렵네요."라고 말하는 것이다. 얼핏 보면 겸손한 인정으로 보이겠지만, 실제로는 아무도 그렇게 받아들이지 않는다.

이 말은 당신의 어리석음을 드러내는 것이 아니다. 오히려 상대의 주장이 복잡하고 횡설수설하여 이해하기 어렵다는 신호를 청중에게 교묘히 전달하는 전략이다. 겸양과 양보의 모습을 취하지만, 실제로는 상대의 위신을 논리 없이도 효과적으로 깎아내리는 세련된 조롱이자 강력한 반격이다.

_여록과 보유

175

혐오의 그림자를 덮어씌우라

논리로 상대를 꺾지 못했는가? 이제 정서를 활용할 때다. 상대의 주장을 사람들이 본능적으로 꺼리는 집단과 연결 지어라. 음모론자, 사이비 종교, 유사 과학 옹호자 등 그 어떤 집단이라도 좋다.

중요한 것은 그 이름이 불러일으키는 불쾌한 감정과 혐오스러운 이미지일 뿐이다. 사실 여부는 중요하지 않으며, 연상된 이미지만이 결정적이다.

이 전략은 설득의 기술이 아닌 오염의 기술이다. 이성은 귀찮고 생각은 힘들지만, 감정은 즉각적이고 막강한 영향력을 행사한다. 논쟁의 결과는 누가 먼저 상대에게 혐오와 불쾌의 낙인을 찍느냐로 결정될 것이다.

_ 여록과 보유

176
현실을 인질로 잡아라

이론과 현실은 서로 조화를 이루기 어렵다. 이론은 본질적으로 추상적이며, 현실은 항상 구체적이고 복잡하기 때문이다. 아무리 정밀하고 명확한 이론이라 하더라도 현실과 마주쳤을 때 불가피하게 허점을 드러낸다. 현실의 검증을 피하거나 무시하고 이론만을 고집하는 것은 자신의 한계를 자백하는 것과 다름없다.
현실에서 입증되지 못한 이론은 아무리 논리적으로 완벽해 보일지라도 실제적인 가치를 상실한다. 현실과 마주했을 때 이론이 실패한다면 그것은 우연이나 작은 오류 때문이 아니다. 그 실패는 이론의 근본적 결핍을 나타낸다. 이론이 설득력을 가지려면 반드시 현실에서의 검증과 인정을 거쳐야 한다. 현실이라는 최종 심판 앞에서 살아남지 못한 이론은 결국 스스로 무너질 운명을 피할 수 없다.

_여록과 보유

177

상대의 침묵을 절대 놓치지 마라

질문에 답하지 않고 얼버무리거나 엉뚱한 말을 꺼낸다면 상대는 이미 논리의 덫에 걸린 것이다. 그가 침묵하거나 주제를 돌리는 행동은 스스로 드러낸 취약점이며, 숨기려 했던 약점을 무심코 내보인 것이다.

이러한 순간은 상대가 무방비 상태라는 명백한 신호다. 망설일 이유가 없다. 상대가 말을 잃고 망설이는 바로 그 지점을 파고들어라. 침묵과 회피는 방어막이 아니라 오히려 공격 지점을 알려 주는 안내판이다. 상대가 빠져나가지 못하도록 끈질기게 압박하고 추궁하라. 승리의 열쇠는 상대가 답을 잃은 그 순간에 있다.

_여록과 보유

178

청중의 이해관계를 자극하라

논리를 정교하게 구성하는 일에 지나치게 매달리지 마라. 이해관계를 흔들면 그 어떤 완벽한 논리도 즉시 무너진다. 이론적으로 아무리 타당하더라도, 자신의 이익과 충돌한다고 느끼는 순간 사람들은 본능적으로 그것을 거부한다.

사람의 의지는 항상 이해와 손익 계산을 따라간다. 이성적 판단보다 이익에 민감하며, 설득보다 손해의 두려움에 더 강하게 반응한다. 성직자에게는 교리 위반이라는 미묘한 암시가 효과적이며 자산가에게는 재산 가치의 하락 가능성을 내비치는 것만으로도 충분하다. 청중 또한 마찬가지다. 당신 편이 되지 않는다면 그들의 이해관계를 당신 편으로 만들어야 한다. 적절한 때를 골라 상대의 이해를 건드려라. 판단을 움직이는 진정한 힘은 바로 손익에 대한 감각이다.

_여록과 보유

179

난해함으로 상대를 압도하라

상대가 학벌 콤플렉스를 가지고 있는가? 그렇다면 헛소리 전략보다 효과적인 방법은 없다. 겉보기엔 깊고 난해하지만, 실상은 아무런 내용이 없는 말들을 길고 침착하게 늘어놓아라. 진지한 표정을 유지하며 복잡한 개념어와 생소한 용어를 교묘히 섞고, 의미 없는 문헌과 인물을 자주 인용하여 상대를 혼란스럽게 만들어라.

괴테가 말했듯, 사람들은 별것 아닌 말에서도 심오한 의미를 찾으려 애쓴다. 그러므로 헛소리는 최대한 장황하게 펼쳐 놓아라. 이 전략 앞에서 누구도 당신의 말을 쉽게 반박하거나 문제 삼지 못할 것이다.

_여록과 보유

180
증거가 하나만 무너져도, 전체가 무너진다

상대가 아무리 그럴듯한 논리로 주장을 펼쳐도 겁먹지 마라. 상대가 단 한 번이라도 잘못된 증거나 근거를 제시하는 순간, 전세는 당신에게로 기운다. 중요한 것은 전체 주장이나 논리의 화려함이 아니라, 그것을 지탱하는 가장 취약한 근거 하나다.

아무리 견고한 논리도 모순된 증거 하나로 흔들리기 시작하면 곧 전체가 무너지고 만다. 당황한 상대는 급히 새로운 근거를 찾으려 하겠지만 이미 기울어진 분위기를 되돌리기는 어렵다. 가장 진지한 주장이라도 조롱과 비웃음의 대상이 되는 순간, 회복은 불가능에 가깝다. 상대의 실수 하나가 전체 논리의 치명적 약점임을 기억하라.

_여록과 보유

초역 쇼펜하우어의 말 필사집

초판 1쇄 2025년 8월 5일

지은이   쇼펜하우어
엮은이   권용선
편집   이세준 김승주
디자인   김소미 유미소
제작처   넥스트프린팅
펴낸곳   지혜의숲
이메일   grovepress2000@gmail.com
출판등록 2021년 5월 21일 제2021-000019호

ISBN   979-11-93282-35-9 (03190)

* 이 책의 판권은 지은이와 지혜의숲에 있습니다.
* 책 내용의 전부 또는 일부를 이용하려면
  반드시 지은이와 지혜의숲 양측의 서면 동의를 받아야 합니다.

지혜의숲 초역 시리즈

"삶의 거의 모든 고민은
쇼펜하우어의 지혜로 해결된다."

『초역 쇼펜하우어의 말』

"나는 끝없이 흔들리는 삶에
니체의 말 하나로 맞섰다."

『초역 니체의 말』
2025년 8월 25일 출간 예정